Middelhavsmagi 2023
Oppskrifter og historier fra en kulinarisk reise

Sofia Dahl

Innholdsfortegnelse

Paella av grønnsaker 8

Aubergine og risrett 10

Mye grønnsakscouscous 11

Kushari 13

Bulgur med tomater og kikerter 17

Makrell Maccheroni 19

Maccheroni Med Cherry Tomater Og Ansjos 21

Risotto med sitron og reker 23

Spaghetti med muslinger 25

gresk fiskesuppe 27

Venere ris med reker 29

Pennette med laks og vodka 31

Sjømat Carbonara 33

Garganelli med Zucchini Pesto og Reker 35

Lakserisotto 38

Pasta med cherrytomater og ansjos 40

Brokkoli og pølse Orecchiette 42

Risotto med radicchio og røkt bacon 44

Pasta alla Genovese 46

Blomkålpasta fra Napoli 48

Pasta e Fagioli med appelsin og fennikel 50

Spaghetti al Limone 52

Krydret grønnsakscouscous 53

Krydret stekt ris med fennikel 55

Couscous i marokkansk stil med kikerter 57

Vegetarisk Paella med grønne bønner og kikerter 59

Hvitløksreker med tomater og basilikum 61

Reker Paella 63

Linsesalat med oliven, mynte og fetaost 65

Kikerter Med Hvitløk Og Persille 67

Stuede kikerter med aubergine og tomater 69

Gresk sitronris 71

Hvitløk-urteris 73

Middelhavsrissalat 75

Frisk bønne- og tunfisksalat 77

Deilig kyllingpasta 79

Smaker Taco Rice Bowl 81

Smakfull Mac & Cheese 83

Agurk Oliven Ris 85

Smaker Urterisotto 87

Deilig Pasta Primavera 89

Pasta med stekt paprika 91

Ost basilikum tomat ris 93

Mac og ost 95

tunfisk pasta 96

Avokado og kalkunblanding Panini 98

Agurk, kylling og mango wrap 100

Fattoush – brød fra Midtøsten 102

Hvitløk og tomat Glutenfri Focaccia 104

Grillede burgere med sopp 106

Middelhavet Baba Ganoush 108

Multikorn- og glutenfrie middagsruller 110

Linguini med sjømat 112

Ingefærreker og tomatrelish 114

Reker og pasta 117

Posjert torsk 119

Blåskjell i hvitvin 121

Dilly laks 123

Glatt laks 125

Tunfisk melodi 126

Sjøost 127

Sunne biffer 128

Urte laks 129

Smokey glasert tunfisk 130

Sprø kveite 131

Passe tunfisk 132

Lune og ferske fiskesteker 133

Blåskjell O' Marine 134

Slow Cooker middelhavsbiff 135

Slow Cooker middelhavsbiff med artisjokker 137

Mager grytestek i middelhavsstil 139

Slow cooker kjøttkake 141

Slow Cooker Mediterranean Beef Hoagies 143

Middelhavet svinestek 145

Biff pizza 147

Biff & Bulgur kjøttboller 150

Velsmakende biff og brokkoli 152

Biff Mais Chili 153

Balsamicobiff rett ... 154
Soyasaus Biff ... 156
Rosemary Beef Chuck Stek ... 158
Svinekoteletter og tomatsaus ... 160
Kylling med kapersaus ... 161
Kalkunburgere med mangosalsa ... 163
Urtestekt kalkunbryst ... 165
Kyllingpølse og paprika ... 167
Kylling Piccata ... 169
En-potte toskansk kylling ... 171
Kylling Kapama ... 173
Spinat og feta fylte kyllingbryst ... 175
Rosmarinstekte kyllingtrommestikker ... 177
Kylling med løk, poteter, fiken og gulrøtter ... 178
Kyllinggyros med Tzatziki ... 180
moussaka ... 182
Dijon og urte Indrefilet av svin ... 184
Biff med rødvinssoppsaus ... 186
greske kjøttboller ... 189
Lam med strengbønner ... 191
Kylling i tomat balsamico pannesaus ... 193
Brun ris, feta, friske erter og myntesalat ... 195
Fullkorns pitabrød fylt med oliven og kikerter ... 197
Stekt gulrøtter med valnøtter og cannellini bønner ... 199
Krydret, smurt kylling ... 201
Dobbel cheesy bacon kylling ... 203
Reker med sitron og pepper ... 205

Panert og krydret kveite 207

Karri laks med sennep 209

Valnøtt-rosmarin Lakseskorpe 210

Rask tomat spaghetti 212

Chili oregano bakt ost 214

Sprø italiensk kylling 215

Paella av grønnsaker

Forberedelsestid: 25 minutter

Matlagingstid: 45 minutter

Porsjoner: 6

Vanskelighetsgrad: Middels

Ingredienser:

- ¼ kopp olivenolje
- 1 stor søt løk
- 1 stor rød paprika
- 1 stor grønn paprika
- 3 fedd hvitløk, finhakket
- 1 ts røkt paprika
- 5 safran tråder
- 1 zucchini, kuttet i tommers terninger
- 4 store modne tomater, skrelles, frøsettes og hakkes
- 1½ kopper kortkornet spansk ris
- 3 kopper grønnsakskraft, oppvarmet

Veibeskrivelse:

Forvarm ovnen til 350 ° F. Kok olivenoljen over middels varme. Rør inn løken og rød og grønn paprika og stek i 10 minutter.

Rør inn hvitløk, paprika, safran tråder, zucchini og tomater. Reduser varmen til middels lav og stek i 10 minutter.

Rør inn ris og grønnsakskraft. Øk varmen for å få paellaen til å koke opp. Skru varmen til middels og kok i 15 minutter. Pakk formen inn i aluminiumsfolie og sett den i ovnen.

Stek i 10 minutter eller til kraften er absorbert.

Næring (for 100g): 288 kalorier 10 g fett 46 g karbohydrater 3 g protein 671 mg natrium

Aubergine og risrett

Forberedelsestid: 30 minutter

Matlagingstid: 35 minutter

Porsjoner: 4

Vanskelighetsgrad: Vanskelig

Ingredienser:

- <u>Til sausen</u>
- ½ kopp olivenolje
- 1 liten løk, hakket
- 4 fedd hvitløk, most
- 6 modne tomater, skrelt og hakket
- 2 ss tomatpuré
- 1 ts tørket oregano
- ¼ ts malt muskatnøtt
- ¼ ts malt spisskummen
- <u>Til gryten</u>
- 4 (6-tommers) japanske auberginer, halvert på langs
- 2 ss olivenolje
- 1 kopp kokt ris
- 2 ss pinjekjerner, ristet
- 1 kopp vann

Veibeskrivelse:

For å lage sausen

Varm olivenoljen i en tykkbunnet panne på middels varme. Ha løken og stek i 5 minutter. Rør inn hvitløk, tomater, tomatpuré, oregano, muskat og spisskummen. Reduser deretter varmen til lav og la det småkoke i 10 minutter. Fjern og sett til side.

Lag gryten

Forvarm grillen. Mens sausen småkoker drypper du auberginene med olivenolje og legger på et stekebrett. Stek i ca 5 minutter til de er gyldenbrune. Fjern og la avkjøles. Sett ovnen til 375 ° F. Ordne den avkjølte auberginen, med kuttsiden opp, i en 9 x 13-tommers bakebolle. Øs forsiktig ut litt av kjøttet for å gi plass til fyllet.

Bland i en bolle halvparten av tomatsausen, den kokte risen og pinjekjernene. Fyll hver auberginehalvdel med risblandingen. Bland resten av tomatsausen og vannet i samme bolle. Hell over auberginen. Stek, dekket, i 20 minutter til auberginen er mør.

Næring (for 100g): 453 kalorier 39 g fett 29 g karbohydrater 7 g protein 820 mg natrium

Mye grønnsakscouscous

Forberedelsestid: 15 minutter

Matlagingstid: 45 minutter

Porsjoner: 8

Vanskelighetsgrad: Vanskelig

Ingredienser:

- ¼ kopp olivenolje
- 1 løk, hakket
- 4 fedd hvitløk, finhakket
- 2 jalapeñopepper, gjennomhullet flere steder med en gaffel
- ½ ts malt spisskummen
- ½ ts malt koriander
- 1 (28 unse) boks knuste tomater
- 2 ss tomatpuré
- 1/8 ts salt
- 2 laurbærblader
- 11 kopper vann, delt
- 4 gulrøtter
- 2 zucchini, kuttet i 2-tommers biter
- 1 eikenøttsquash, halvert, frøsådd og kuttet i 1-tommers tykke skiver
- 1 (15 unse) boks kikerter, drenert og skylt
- ¼ kopp hakkede konserverte sitroner (valgfritt)
- 3 kopper couscous

Veibeskrivelse:

Kok opp olivenoljen i en tykkbunnet panne. Ha i løken og stek i 4 minutter. Rør inn hvitløk, jalapeños, spisskummen og koriander. Kok i 1 minutt. Tilsett tomater, tomatpuré, salt, laurbærblader og 8 kopper vann. Gi blandingen et oppkok.

Tilsett gulrøtter, zucchini og eikenøttsquash og kok opp igjen. Reduser varmen litt, dekk til og kok i ca 20 minutter til grønnsakene er møre, men ikke grøtaktige. Ta 2 kopper matlagingsvæske og sett til side. Krydre etter behov.

Tilsett kikertene og konserverte sitroner (hvis du bruker). Kok i noen minutter og skru av varmen.

I en middels kjele, kok opp de resterende 3 koppene med vann over høy varme. Rør inn couscousen, dekk til og slå av varmen. La couscousen hvile i 10 minutter. Drypp med 1 kopp reservert kokevæske. Bruk en gaffel til å løsne couscousen.

Hell det i stor skala. Drypp med den resterende kokevæsken. Ta grønnsakene ut av pannen og legg dem på toppen. Server resten av lapskausen i en egen bolle.

Næring (for 100g): 415 kalorier 7 g fett 75 g karbohydrater 9 g protein 718 mg natrium

Kushari

Forberedelsestid: 25 minutter

Matlagingstid: 1 time og 20 minutter

Porsjoner: 8

Vanskelighetsgrad: Vanskelig

Ingredienser:

- Til sausen
- 2 ss olivenolje
- 2 fedd hvitløk, finhakket
- 1 (16 unse) boks tomatsaus
- ¼ kopp hvit eddik
- ¼ kopp Harissa, eller kjøpt i butikken
- 1/8 ts salt
- For risen
- 1 kopp olivenolje
- 2 løk, i tynne skiver
- 2 kopper tørkede brune linser
- 4 liter pluss ½ kopp vann, delt
- 2 kopper kortkornet ris
- 1 teskje salt
- 1 pund kortalbuepasta
- 1 (15 unse) boks kikerter, drenert og skylt

Veibeskrivelse:

For å lage sausen

Kok opp olivenoljen i en panne. Frukt hvitløken. Rør inn tomatsaus, eddik, harissa og salt. Kok opp sausen. Skru ned varmen til lav og kok i 20 minutter eller til sausen har tyknet. Fjern og sett til side.

For å lage risen

Gjør klar tallerkenen med kjøkkenpapir og sett til side. Varm opp olivenolje i en stor kjele på middels varme. Fres løken, rør ofte, til den er sprø og gyldenbrun. Overfør løkene til den forberedte platen og sett til side. Reserver 2 ss matolje. Reserver pannen.

Over høy varme blander du linsene og 4 kopper vann i en kjele. La det koke og koke i 20 minutter. Sil og bland med de reserverte 2 ss matolje. Legg til side. Reserver glasset.

Plasser pannen du brukte til å steke løkene på middels varme og tilsett risen, 4½ kopper vann og salt. Kok opp. Senk varmen og kok i 20 minutter. Slå av og la stå i 10 minutter. Kok opp de resterende 8 koppene saltet vann over høy varme i samme gryte som ble brukt til å koke linsene. Tilsett pastaen og kok i 6 minutter eller i henhold til pakkens anvisning. Tøm og sett til side.

Samle inn

Hell risen på et serveringsfat. Pynt med linser, kikerter og pasta. Drypp over den varme tomatsausen og dryss over den sprøstekte løken.

Næring (for 100g): 668 kalorier 13 g fett 113 g karbohydrater 18 g protein 481 mg natrium

Bulgur med tomater og kikerter

Forberedelsestid: 10 minutter

Matlagingstid: 35 minutter

Porsjoner: 6

Vanskelighetsgrad: Middels

Ingredienser:

- ½ kopp olivenolje
- 1 løk, hakket
- 6 tomater, i terninger eller 1 (16-unse) boks tomater i terninger
- 2 ss tomatpuré
- 2 kopper vann
- 1 ss Harissa, eller butikkkjøpt
- 1/8 ts salt
- 2 kopper grov bulgur
- 1 (15 unse) boks kikerter, drenert og skylt

Veibeskrivelse:

Varm olivenoljen i en tykkbunnet panne på middels varme. Stek løken, tilsett tomatene med saften og stek i 5 minutter.

Rør inn tomatpuré, vann, harissa og salt. Kok opp.

Rør inn bulgur og kikerter. Gi blandingen et oppkok igjen. Senk varmen og kok i 15 minutter. La hvile i 15 minutter før servering.

Næring (for 100g):413 kalorier 19 g fett 55 g karbohydrater 14 g protein 728 mg natrium

Makrell Maccheroni

Forberedelsestid: 10 minutter

Matlagingstid: 15 minutter

Porsjoner: 4

Vanskelighetsgrad: Enkel

Ingredienser:

- 12 oz maccheroni
- 1 fedd hvitløk
- 14 oz tomatsaus
- 1 kvist hakket persille
- 2 ferske chilipepper
- 1 teskje salt
- 7 oz makrell i olje
- 3 ss ekstra virgin olivenolje

Veibeskrivelse:

Start med å koke opp vannet i en kjele. Mens vannet varmes opp, ta en kjele, hell litt olje og litt hvitløk i og stek på lav varme. Når hvitløken er stekt, fjern den fra pannen.

Skjær opp chilipepper, fjern de indre frøene og skjær i tynne strimler.

Tilsett kokevannet og chilien i samme panne som før. Ta så makrellen, og etter å ha tømt oljen og brutt den opp med en gaffel, tilsett den i pannen med de andre ingrediensene. Kok lyset ved å tilsette litt kokevann.

Når alle ingrediensene er godt innarbeidet, tilsett tomatpuréen i pannen. Bland godt for å jevne ut alle ingrediensene og kok på lav varme i ca 3 minutter.

La oss gå videre til pastaen:

Når vannet begynner å koke, tilsett salt og pasta. La maccheronien renne av når de er litt al dente og tilsett dem i sausen du har laget.

Stek noen øyeblikk i sausen og smak til med salt og pepper etter smak.

Næring (for 100g): 510 kalorier 15,4 g fett 70 g karbohydrater 22,9 g protein 730 mg natrium

Maccheroni Med Cherry Tomater Og Ansjos

Forberedelsestid: 10 minutter

Matlagingstid: 15 minutter

Porsjoner: 4

Vanskelighetsgrad: Enkel

Ingredienser:

- 14 oz Maccheroni Pasta
- 6 Saltet ansjos
- 4 oz Cherrytomater
- 1 fedd hvitløk
- 3 ss ekstra virgin olivenolje
- Frisk chilipepper etter smak
- 3 basilikumblader
- Salt etter smak

Veibeskrivelse:

Start med å varme opp vann i en panne og tilsett salt når det koker. Imens lager du sausen: Ta tomatene etter vask og skjær dem i 4 biter.

Ta nå en non-stick panne, drypp over litt olje og sleng i et fedd hvitløk. Når den er kokt, fjern den fra pannen. Tilsett de rene ansjosene i pannen, smelt dem i oljen.

Når ansjosen er godt oppløst, tilsett de skivede tomatene og skru opp varmen til de begynner å bli myke (pass på så de ikke blir for myke).

Tilsett chili uten frø, kutt i små biter og smak til.

Tilsett pastaen i kjelen med kokende vann, hell den av al dente og la den småkoke en stund.

Næring (for 100g): 476 kalorier 11 g fett 81,4 g karbohydrater 12,9 g protein 763 mg natrium

Risotto med sitron og reker

Forberedelsestid: 10 minutter

Matlagingstid: 30 minutter

Porsjoner: 4

Vanskelighetsgrad: Enkel

Ingredienser:

- 1 sitron
- 14 oz pillede reker
- 1 ¾ kopp risottoris
- 1 hvit løk
- 33 fl. oz (1 liter) grønnsakskraft (enda mindre er greit)
- 2 ½ ss smør
- ½ glass hvitvin
- Salt etter smak
- Svart pepper etter smak
- Gressløk etter smak

Veibeskrivelse:

Start med å koke rekene i saltet vann i 3-4 minutter, renne av og sett til side.

Skrell og hakk en løk, rør den med smeltet smør og rist risen i pannen i noen minutter når smøret har tørket.

Deglaser risen med et halvt glass hvitvin og tilsett deretter saften av 1 sitron. Rør og kok ferdig risen ved å tilsette en skje med grønnsakskraft om nødvendig.

Bland godt og noen minutter før kokeslutt, tilsett de tidligere kokte rekene (hold litt til side til pynt) og litt sort pepper.

Når brannen er slukket, tilsett en klatt smør og rør. Risottoen er klar til servering. Pynt med de resterende rekene og dryss over litt gressløk.

Næring (for 100g): 510 kalorier 10 g fett 82,4 g karbohydrater 20,6 g protein 875 mg natrium

Spaghetti med muslinger

Forberedelsestid: 10 minutter

Matlagingstid: 40 minutter

Porsjoner: 4

Vanskelighetsgrad: Enkel

Ingredienser:

- 11,5 oz spaghetti
- 2 pund blåskjell
- 7 oz tomatsaus, eller tomatmasse, for den røde versjonen av denne retten
- 2 fedd hvitløk
- 4 ss ekstra virgin olivenolje
- 1 glass tørr hvitvin
- 1 ss finhakket persille
- 1 chilipepper

Veibeskrivelse:

Start med å vaske muslingene: aldri "rens" muslingene - de bør bare åpnes ved varme, ellers vil deres dyrebare indre væske gå tapt sammen med sanden. Vask muslingene raskt med et dørslag i en salatskål: dette vil filtrere sanden på skjellene.

Legg deretter straks de avrente blåskjellene i en panne med lokk over høy varme. Snu dem av og til og når de er nesten alle åpne, fjern dem fra varmen. Blåskjellene som forblir lukket er døde og må elimineres. Fjern bløtdyrene fra det åpne, og la noen være hele til å dekorere rettene. Sil av væsken som er igjen i bunnen av pannen og sett til side.

Ta en stor panne og hell en klatt olje i den. Varm opp en hel paprika og ett eller to fedd knust hvitløk på svært lav varme til feddene blir gulaktige. Tilsett blåskjellene og smak til med tørr hvitvin.

Tilsett nå den tidligere silte blåskjellvæsken og litt finhakket persille.

Sil og sleng straks spaghetti al dente i pannen etter at du har kokt den i rikelig med saltet vann. Rør godt til spaghettien har absorbert all væsken fra muslingene. Hvis du ikke brukte chilipepper, tilsett en lett klype hvit eller sort pepper.

Næring (for 100g): 167 kalorier 8 g fett 8,63 g karbohydrater 5 g protein 720 mg natrium

gresk fiskesuppe

Forberedelsestid: 10 minutter

Matlagingstid: 60 minutter

Porsjoner: 4

Vanskelighetsgrad: Enkel

Ingredienser:

- Hake eller annen hvit fisk
- 4 Poteter
- 4 vårløk
- 2 gulrøtter
- 2 stangselleri
- 2 Tomater
- 4 ss ekstra jomfru olivenolje
- 2 egg
- 1 sitron
- 1 kopp ris
- Salt etter smak

Veibeskrivelse:

Velg en fisk som ikke er tyngre enn 2,2 pund, fjern skjell, gjeller og innvoller og vask den godt. Salt det og sett til side.

Vask poteter, gulrøtter og løk og legg i pannen med nok vann til å bløtlegge dem, og kok opp.

Tilsett sellerien, som fortsatt er bundet i bunter slik at den ikke faller fra hverandre under kokingen, skjær tomatene i fire deler og tilsett dem også, sammen med olje og salt.

Når grønnsakene er nesten ferdigstekt, tilsett mer vann og fisken. Kok i 20 minutter, og fjern deretter fra buljongen sammen med grønnsakene.

Legg fisken i et serveringsfat ved å dekorere den med grønnsakene og sil av buljongen. Sett buljongen tilbake på bålet og fortynn den med litt vann. Når det koker, tilsett risen og smak til med salt. Når risen er kokt, fjern pannen fra varmen.

Tilbered avgolemonosausen:

Pisk eggene godt og tilsett sitronsaften sakte. Ha litt buljong i en øse og hell det sakte i eggene, mens du rører hele tiden.

Til slutt tilsett den resulterende sausen til suppen og bland godt.

Næring (for 100g): 263 kalorier 17,1 g fett 18,6 g karbohydrater 9 g protein 823 mg natrium

Venere ris med reker

Forberedelsestid: 10 minutter

Matlagingstid: 55 minutter

Porsjoner: 3

Vanskelighetsgrad: Enkel

Ingredienser:

- 1 ½ kopp svart venerris (helst ferdigkokt)
- 5 ts ekstra virgin olivenolje
- 10,5 oz reker
- 10,5 oz zucchini
- 1 sitron (saft og skall)
- Bordsalt etter smak
- Svart pepper etter smak
- 1 fedd hvitløk
- Tabasco etter smak

Veibeskrivelse:

La oss starte med risen:

Etter å ha fylt en kjele med rikelig med vann og kokt opp, hell i risen, tilsett salt og kok i nødvendig tid (sjekk kokeanvisningen på pakken).

I mellomtiden river du zucchinien med et rivjern med stort hull. Varm opp olivenoljen med det skrellede hvitløksfedden i en panne, tilsett revet zucchini, salt og pepper og stek i 5 minutter, fjern hvitløksfeddene og sett grønnsakene til side.

Rens nå rekene:

Fjern skallet, klipp halen, del dem i to på langs og fjern tarmen (den mørke tråden i ryggen). Legg de rensede rekene i en bolle og smak til med olivenolje; gi den litt ekstra smak ved å tilsette sitronskall, salt og pepper og eventuelt tilsette noen dråper Tabasco.

Varm rekene i en varm panne i noen minutter. Når den er kokt, sett til side.

Når Venere-risen er klar, sil den over i en bolle, tilsett zucchiniblandingen og rør.

Næring (for 100g): 293 kalorier 5 g fett 52 g karbohydrater 10 g protein 655 mg natrium

Pennette med laks og vodka

Forberedelsestid: 10 minutter

Matlagingstid: 18 minutter

Porsjoner: 4

Vanskelighetsgrad: Enkel

Ingredienser:

- 14 oz Pennette Rigate
- 7 oz røkt laks
- 1,2 oz sjalottløk
- 1,35 fl. oz (40 ml) vodka
- 5 oz cherrytomater
- 7 oz fersk flytende krem (jeg anbefaler den vegetabilske for en lettere rett)
- Gressløk etter smak
- 3 ss ekstra virgin olivenolje
- Salt etter smak
- Svart pepper etter smak
- Basilikum etter smak (til pynt)

Veibeskrivelse:

Vask og skjær tomater og gressløk. Etter at du har skrelt sjalottløken, hakker du den med en kniv, legger den i en panne og lar den marineres i extra virgin olivenolje.

Skjær imens laksen i strimler og stek den sammen med oljen og sjalottløken.

Bland alt sammen med vodkaen, vær forsiktig, da det kan blusse opp (hvis en flamme skulle ta seg opp, ikke bekymre deg, den går ned når alkoholen er helt fordampet). Tilsett de skivede tomatene og tilsett en klype salt og eventuelt litt pepper. Til slutt tilsett fløte og hakket gressløk.

Mens sausen koker lager du pastaen. Når vannet koker, hell i Pennette og kok til al dente.

Sil pastaen og tilsett pennetten i sausen, la de koke en stund slik at de kan trekke til seg all smaken. Pynt med et basilikumblad om ønskelig.

Næring (for 100g): 620 Kalorier 21,9 g Fett 81,7 g Karbohydrater 24 g Protein 326 mg Natrium

Sjømat Carbonara

Forberedelsestid: 15 minutter

Matlagingstid: 50 minutter

Porsjoner: 3

Vanskelighetsgrad: Enkel

Ingredienser:

- 11,5 oz spaghetti
- Tunfisk 3,5 oz
- 3,5 oz Sverdfisk
- 3,5 oz laks
- 6 eggeplommer
- 4 ss parmesanost (Parmigiano Reggiano)
- 2 fl. oz (60 ml) Hvitvin
- 1 fedd hvitløk
- Ekstra virgin olivenolje etter smak
- Bordsalt etter smak
- Svart pepper etter smak

Veibeskrivelse:

Lag en kjele med kokende vann og tilsett litt salt.

Hell i mellomtiden 6 eggeplommer i en bolle og tilsett revet parmesanost, salt og pepper. Pisk med en visp og spe med litt kokevann fra pannen.

Fjern eventuelle bein fra laksen, skjellene fra sverdfisken og skjær tunfisken, laksen og sverdfisken i terninger.

Når det koker, sleng i pastaen og kok den litt al dente.

I mellomtiden, varm litt olje i en stor panne, tilsett hele skrellede hvitløksfedd. Når oljen er varm, sleng i fisketerningene og stek på høy varme i ca 1 minutt. Fjern hvitløken og tilsett hvitvinen.

Når alkoholen har fordampet tar du ut fisketerningene og senker varmen. Når spaghettien er ferdig, tilsett den i pannen og kok i omtrent et minutt, rør konstant og tilsett kokevannet om nødvendig.

Hell i eggeplommeblandingen og fisketerningene. Bland godt. tjene.

Næring (for 100g): 375 kalorier 17 g fett 41,40 g karbohydrater 14 g protein 755 mg natrium

Garganelli med Zucchini Pesto og Reker

Forberedelsestid: 10 minutter

Matlagingstid: 30 minutter

Porsjoner: 4

Vanskelighetsgrad: Middels

Ingredienser:

- 14 oz eggbasert Garganelli
- For zucchinipestoen:
- 7 oz zucchini
- 1 kopp pinjekjerner
- 8 ss (0,35 oz) basilikum
- 1 ts bordsalt
- 9 ss ekstra virgin olivenolje
- 2 ss parmesanost til riving
- 1 oz Pecorino å rive
- For stekte reker:
- 8,8 oz reker
- 1 fedd hvitløk
- 7 teskjeer ekstra virgin olivenolje
- Klype salt

Veibeskrivelse:

Start med å tilberede pestoen:

Etter vask river du zucchinien, legger dem i et dørslag (slik at de kan miste litt overflødig fuktighet) og salter dem lett. Ha pinjekjerner, zucchini og basilikumblader i blenderen. Tilsett revet parmesanost, pecorino og extra virgin olivenolje.

Bland alt til det er kremaktig, rør inn en klype salt og sett til side.

Bytt til rekene:

Trekk først ut tarmen ved å kutte baksiden av reken i hele lengden med en kniv og bruke tuppen på kniven til å fjerne den svarte tråden på innsiden.

Stek hvitløksfeddene i en non-stick panne med ekstra virgin olivenolje. Når den er brun, fjern hvitløken og tilsett rekene. Stek dem på middels varme i ca 5 minutter, til du ser en sprø skorpe på utsiden.

Kok så opp en panne med saltet vann og kok Garganelli til den er mør. Sett til side noen skjeer kokevann og hell av pastaen til den er al dente.

Tilsett Garganelli i pannen der du kokte rekene. Kok sammen i et minutt, tilsett en skje kokevann og tilsett til slutt zucchinipestoen.

Bland alt godt for å kombinere pastaen med sausen.

Næring (for 100g): 776 kalorier 46 g fett 68 g karbohydrater 22,5 g protein 835 mg natrium

Lakserisotto

Forberedelsestid: 10 minutter

Matlagingstid: 30 minutter

Porsjoner: 4

Vanskelighetsgrad: Middels

Ingredienser:

- 1 ¾ kopp (12,3 oz) ris
- 8,8 oz laksesteker
- 1 purre
- Ekstra virgin olivenolje etter smak
- 1 fedd hvitløk
- ½ glass hvitvin
- 3 ½ ss revet Grana Padano
- salt etter smak
- Svart pepper etter smak
- 17 fl. oz (500 ml) fiskekraft
- 1 kopp smør

Veibeskrivelse:

Start med å rense laksen og skjær den i små biter. Kok opp 1 ss olje i en panne med et helt fedd hvitløk og brun laksen i 2/3 minutter, tilsett salt og sett laksen til side, fjern hvitløken.

Begynn nå å forberede risottoen:

Skjær purren i svært små biter og la det småkoke i en panne på svak varme med to spiseskjeer olje. Rør inn risen og kok på middels varme i noen sekunder, rør med en tresleiv.

Rør inn hvitvinen og fortsett å koke, rør av og til, prøv å ikke la risen feste seg til pannen, og tilsett gradvis kraften (grønnsak eller fisk).

Tilsett laksen, smøret og eventuelt en klype salt halvveis i tilberedningen. Når risen er godt kokt, fjern fra varmen. Kombiner med noen spiseskjeer revet Grana Padano og server.

Næring (for 100g): 521 kalorier 13 g fett 82 g karbohydrater 19 g protein 839 mg natrium

Pasta med cherrytomater og ansjos

Forberedelsestid: 15 minutter

Matlagingstid: 35 minutter

Porsjoner: 4

Vanskelighetsgrad: Enkel

Ingredienser:

- 10,5 oz spaghetti
- 1,3 pund cherrytomater
- 9 oz ansjos (forhåndsrenset)
- 2 ss kapers
- 1 fedd hvitløk
- 1 liten rødløk
- Persille etter smak
- Ekstra virgin olivenolje etter smak
- Bordsalt etter smak
- Svart pepper etter smak
- Svarte oliven etter smak

Veibeskrivelse:

Kutt fedd hvitløk, få tynne skiver.

Skjær cherrytomatene i 2. Skrell løken og skjær i tynne skiver.

Ha litt olje med hakket hvitløk og løk i en panne. Varm alt over middels varme i 5 minutter; rør av og til.

Når alt er godt krydret, tilsett cherrytomatene og en klype salt og pepper. Kok i 15 minutter. Sett i mellomtiden en panne med vann på komfyren og tilsett salt og pasta så snart det koker.

Når sausen er nesten klar blander du inn ansjosen og koker i noen minutter. Rør forsiktig.

Slå av varmen, finhakk persillen og tilsett den i pannen.

Når den er kokt siler du av pastaen og rører den direkte inn i sausen. Slå på brannen igjen i noen sekunder.

Næring (for 100g): 446 kalorier 10 g fett 66,1 g karbohydrater 22,8 g protein 934 mg natrium

Brokkoli og pølse Orecchiette

Forberedelsestid: 10 minutter

Matlagingstid: 32 minutter

Porsjoner: 4

Vanskelighetsgrad: Middels

Ingredienser:

- 11,5 oz Orecchiette
- 10.5 Brokkoli
- 10,5 oz pølse
- 1,35 fl. oz (40 ml) Hvitvin
- 1 fedd hvitløk
- 2 kvister timian
- 7 teskjeer ekstra virgin olivenolje
- Svart pepper etter smak
- Bordsalt etter smak

Veibeskrivelse:

Kok opp kjelen med vann og salt. Fjern brokkolibukettene fra stilken og del dem i to eller i 4 deler hvis de er for store; legg dem deretter i det kokende vannet, dekk til pannen og kok i 6-7 minutter.

I mellomtiden finhakker du timian og setter til side. Trekk tarmen ut av pølsen og knus den forsiktig med en gaffel.

Frukt hvitløksfedd med litt olivenolje og tilsett pølsen. Etter noen sekunder tilsetter du timian og en skvett hvitvin.

Fjern den kokte brokkolien uten å tømme kokevannet med en hullsleiv og tilsett dem i kjøttet litt etter litt. Kok alt i 3-4 minutter. Fjern hvitløken og tilsett en klype sort pepper.

La vannet der du kokte brokkolien koke opp, tilsett så pastaen og la det koke. Når pastaen er kokt, siler du den med en hullsleiv og overfører den direkte til brokkoli- og pølsesausen. Bland så godt, tilsett sort pepper og stek alt i pannen i noen minutter.

Næring (for 100g): 683 kalorier 36 g fett 69,6 g karbohydrater 20 g protein 733 mg natrium

Risotto med radicchio og røkt bacon

Forberedelsestid: 10 minutter

Matlagingstid: 30 minutter

Porsjoner: 3

Vanskelighetsgrad: Middels

Ingredienser:

- 1 ½ kopp ris
- 14 oz Radicchio
- 5,3 oz røkt bacon
- 34 fl. oz (1 l) grønnsakskraft
- 3,4 fl. oz (100 ml) rødvin
- 7 teskjeer ekstra virgin olivenolje
- 1,7 oz sjalottløk
- Bordsalt etter smak
- Svart pepper etter smak
- 3 kvister timian

Veibeskrivelse:

La oss begynne å forberede grønnsakskraften.

Start med radicchioen: del den i to og fjern midtdelen (den hvite delen). Skjær den i strimler, skyll godt og sett til side. Skjær også det røkte baconet i små strimler.

Finhakk sjalottløken og ha den i en panne med litt olje. La det småkoke på middels varme, tilsett en øse med kraft, tilsett baconet og la det brune.

Etter ca. 2 minutter, tilsett ris og toast, rør regelmessig. Hell nå rødvinen over høy varme.

Når all alkoholen er fordampet, fortsett å koke og tilsett en øse med kraft. La den forrige tørke før du tilsetter en til, til den er gjennomstekt. Tilsett salt og sort pepper (det er hvor mye du bestemmer deg for å tilsette).

På slutten av tilberedningen legger du til strimlene av radicchio. Bland dem godt til de er blandet med risen, men ikke kok dem. Tilsett hakket timian.

Næring (for 100g): 482 kalorier 17,5 g fett 68,1 g karbohydrater 13 g protein 725 mg natrium

Pasta alla Genovese

Forberedelsestid: 10 minutter

Matlagingstid: 25 minutter

Porsjoner: 3

Vanskelighetsgrad: Middels

Ingredienser:

- 11,5 oz Zitic
- 1 pund biff
- 2,2 pund gylden løk
- 2 oz selleri
- 2 oz gulrøtter
- 1 haug persille
- 3,4 fl. oz (100 ml) Hvitvin
- Ekstra virgin olivenolje etter smak
- Bordsalt etter smak
- Svart pepper etter smak
- Parmesan etter smak

Veibeskrivelse:

For å tilberede pastaen, start med:

Skrell løk og gulrøtter og finhakk. Vask og finhakk så sellerien (ikke kast bladene, de skal også hakkes og legges til side). Bytt så til kjøttet, bli kvitt overflødig fett og kutt i 5/6 store biter. Bind til slutt bladselleri og persillekvist med kjøkkengarn til en duftende haug.

Fyll en stor panne med rikelig med olje. Tilsett løk, selleri og gulrøtter (sett til side tidligere) og stek i noen minutter.

Tilsett så kjøttstykkene, en klype salt og duftklasen. Rør og kok i noen minutter. Reduser deretter varmen og dekk til med lokk.

Stek i minst 3 timer (ikke tilsett vann eller kraft, da løken vil slippe ut all fuktigheten som trengs for å forhindre at bunnen av pannen tørker ut). Sjekk og rør alt fra tid til annen.

Etter 3 timers koking, fjern urtebunten, øk varmen litt, tilsett en del av vinen og rør.

Stek kjøttet uten lokk i omtrent en time, rør ofte og når bunnen av pannen er tørr, tilsett vinen.

Ta nå et kjøttstykke, skjær det i skiver på et skjærebrett og sett til side. Finhakk zitiene og kok dem i kokende saltet vann.

Når den er kokt, la den renne av og tilbake i kjelen. Tilsett noen spiseskjeer kokevann og rør. Legg på en tallerken og tilsett litt saus og smuldret kjøtt (sett til side i trinn 7). Tilsett pepper og revet parmesanost etter smak.

Næring (for 100g): 450 kalorier 8 g fett 80 g karbohydrater 14,5 g protein 816 mg natrium

Blomkålpasta fra Napoli

Forberedelsestid: 15 minutter

Matlagingstid: 35 minutter

Porsjoner: 3

Vanskelighetsgrad: Middels

Ingredienser:

- Pasta på 10,5 oz
- 1 blomkål
- 3,4 fl. oz (100 ml) tomatpuré
- 1 fedd hvitløk
- 1 chilipepper
- 3 ss ekstra virgin olivenolje (eller teskjeer)
- Salt etter smak
- Pepper etter smak

Veibeskrivelse:

Rens blomkålen godt: fjern de ytre bladene og stilken. Skjær den i små buketter.

Skrell hvitløksfeddene, finhakk den og brun den i en panne med oljen og chilien.

Tilsett tomatpuré og blomkålbuketter og la dem brune på middels varme i noen minutter, dekk deretter til med noen øser med vann og kok i 15-20 minutter eller i det minste til blomkålen begynner å bli kremet.

Hvis du ser at bunnen av pannen er for tørr, tilsett så mye vann som nødvendig slik at blandingen forblir flytende.

Dekk nå blomkålen med varmt vann og tilsett pastaen så snart den koker.

Smak til med salt og pepper.

Næring (for 100g): 458 kalorier 18 g fett 65 g karbohydrater 9 g protein 746 mg natrium

Pasta e Fagioli med appelsin og fennikel

Forberedelsestid: 10 minutter

Matlagingstid: 30 minutter

Porsjoner: 5

Vanskelighetsgrad : Vanskelighetsgrad

Ingredienser:

- Ekstra virgin olivenolje - 1 ss. pluss ekstra for servering
- Pancetta - 2 gram, finhakket
- Løk - 1, finhakket
- Fennikel – 1 pære, stilker fjernet, pære halvert, kjernekledd og finhakket
- Selleri - 1 ribbe, finhakket
- Hvitløk - 2 fedd, finhakket
- Ansjosfileter – 3, skyllet og finhakket
- Hakket fersk oregano - 1 ss.
- Revet appelsinskall - 2 ts.
- Fennikelfrø - ½ ts.
- Rød pepperflak - ¼ ts.
- Terninger av tomater - 1 (28 unse) boks
- Parmesanost – 1 skall, pluss mer til servering
- Cannellini bønner - 1 (7-unse) bokser, skylt
- Kyllingbuljong - 2 ½ kopper
- Vann - 2 ½ kopper
- Salt og pepper

- Orzo - 1 kopp
- Hakket fersk persille - ¼ kopp

Veibeskrivelse:

Varm olje i en nederlandsk ovn over middels høy varme. Tilsett pancetta. Stek i 3 til 5 minutter eller til de begynner å bli brune.

Rør inn selleri, fennikel og løk og stek til de er myke (ca. 5 til 7 minutter).

Rør inn pepperflakene, fennikelfrø, appelsinskall, oregano, ansjos og hvitløk. Kok i 1 minutt. Rør inn tomatene og saften deres. Rør inn parmesanskall og bønner.

La småkoke og kok i 10 minutter. Rør inn vann, kraft og 1 ts. salt.

La det koke på høy varme. Rør inn pasta og kok til al dente.

Fjern fra varmen og kast parmesanskallet.

Rør inn persillen og smak til med salt og pepper. Hell over litt olivenolje og pynt med revet parmesanost. tjene.

Næring (for 100g): 502 kalorier 8,8 g fett 72,2 g karbohydrater 34,9 g protein 693 mg natrium

Spaghetti al Limone

Forberedelsestid: 10 minutter

Matlagingstid: 15 minutter

Porsjoner: 6

Vanskelighetsgrad: Enkel

Ingredienser:

- Extra virgin olivenolje - ½ kopp
- Revet sitronskall - 2 ts.
- Sitronsaft - 1/3 kopp
- Hvitløk - 1 fedd, hakket til pate
- Salt og pepper
- Parmesanost - 2 gram, revet
- Spaghetti - 1 lb
- Revet fersk basilikum - 6 ss.

Veibeskrivelse:

I en bolle, visp hvitløk, olje, sitronskall, juice, ½ ts. salt og ¼ ts. pepper. Rør inn parmesanosten og bland til den er kremaktig.

Kok i mellomtiden pastaen etter anvisning på pakken. Tøm, ta vare på ½ kopp av kokevannet. Tilsett oljeblandingen og basilikumen til pastaen og bland sammen. Krydre godt og rør eventuelt inn kokevannet. tjene.

Næring (for 100g): 398 kalorier 20,7 g fett 42,5 g karbohydrater 11,9 g protein 844 mg natrium

Krydret grønnsakscouscous

Forberedelsestid: 10 minutter

Matlagingstid: 20 minutter

Porsjoner: 6

Vanskelighetsgrad: Vanskelig

Ingredienser:

- Blomkål - 1 kopp, kuttet i 1-tommers buketter
- Ekstra virgin olivenolje - 6 ss. pluss ekstra for servering
- Salt og pepper
- Couscous - 1 ½ kopper
- Zucchini - 1, kuttet i tommers biter
- Rød paprika - 1, stilkløs, frøet og kuttet i ½ tommers biter
- Hvitløk - 4 fedd, finhakket
- Ras el hanout - 2 ts.
- Revet sitronskall -1 ts. pluss sitronbåter til servering
- Kyllingkraft - 1 ¾ kopper
- Hakket frisk merian - 1 ss.

Veibeskrivelse:

Varm i en stekepanne 2 ss. olje over middels varme. Tilsett blomkål, ¾ ts. salt og ½ ts. pepper. Å blande. Stek til bukettene blir brune og kantene er akkurat gjennomsiktige.

Ta av lokket og kok under omrøring i 10 minutter, eller til bukettene er gyldenbrune. Ha over i en bolle og rengjør pannen. Varm opp 2 ss. olje i pannen.

Tilsett couscousen. Kok og rør i 3 til 5 minutter, eller til kornene akkurat begynner å bli brune. Ha over i en bolle og rengjør pannen. Varm opp de resterende 3 ss. olje i pannen og tilsett paprika, zucchini og ½ ts. salt. Kok i 8 minutter.

Rør inn sitronskall, ras el hanout og hvitløk. Kok til dufter (ca. 30 sekunder). Ha i buljongen og la det småkoke. Rør inn couscousen. Ta av varmen og sett til side til den er gjennomstekt.

Tilsett merian og blomkål; luft deretter forsiktig med en gaffel for å innlemme. Hell over ekstra olje og krydre godt. Server med sitronbåter.

Næring (for 100g): 787 Kalorier 18,3 g Fett 129,6 g Karbohydrater 24,5 g Protein 699 mg Natrium

Krydret stekt ris med fennikel

Forberedelsestid: 10 minutter

Matlagingstid: 45 minutter

Porsjoner: 8

Vanskelighetsgrad: Middels

Ingredienser:

- Søtpoteter - 1 ½ pund, skrelt og kuttet i 1-tommers biter
- Extra virgin olivenolje - ¼ kopp
- Salt og pepper
- Fennikel – 1 pære, finhakket
- Liten løk - 1, finhakket
- Langkornet hvit ris - 1 ½ kopper, skylt
- Hvitløk - 4 fedd, finhakket
- Ras el hanout - 2 ts.
- Kyllingbuljong - 2 ¾ kopper
- Store syltede grønne oliven med pit - ¾ kopp, halvert
- Hakket fersk koriander - 2 ss.
- limekiler

Veibeskrivelse:

Sett ovnsristen i midten og forvarm ovnen til 400F. Kast potetene med ½ ts. salt og 2 ss. olje.

Legg potetene i et enkelt lag på en bakeplate og stek i 25 til 30 minutter, eller til de er møre. Rør potetene halvveis gjennom stekingen.

Trekk ut potetene og reduser ovnstemperaturen til 350F. Varm de resterende 2 ss i en nederlandsk ovn. olje over middels varme.

Tilsett løk og fennikel; kok deretter i 5 til 7 minutter, eller til de er møre. Rør inn ras el hanout, hvitløk og ris. Stek i 3 minutter.

Rør inn oliven og kraft og la stå i 10 minutter. Tilsett potetene i risen og rør forsiktig med en gaffel. Smak til med salt og pepper. Pynt med koriander og server med limebåter.

Næring (for 100g):207 Kalorier 8,9 g Fett 29,4 g Karbohydrater 3,9 g Protein 711 mg Natrium

Couscous i marokkansk stil med kikerter

Forberedelsestid: 5 minutter

Matlagingstid: 18 minutter

Porsjoner: 6

Vanskelighetsgrad: Middels

Ingredienser:

- Extra virgin olivenolje - ¼ kopp, ekstra for servering
- Couscous - 1 ½ kopper
- Skrellede og hakkede fine gulrøtter - 2
- Finhakket løk - 1
- Salt og pepper
- Hvitløk - 3 fedd, finhakket
- Malt koriander - 1 ts.
- Malt ingefær - ts.
- Malt anis - ¼ ts.
- Kyllingkraft - 1 ¾ kopper
- Kikerter - 1 (15-unse) boks, skylt
- Frosne erter - 1 ½ kopper
- Hakket fersk persille eller koriander - ½ kopp
- Sitronskiver

Veibeskrivelse:

Varm opp 2 ss. olje i en panne på middels varme. Rør inn couscousen og stek i 3 til 5 minutter, eller til den akkurat begynner å bli brun. Ha over i en bolle og rengjør pannen.

Varm opp de resterende 2 ss. olje i pannen og tilsett løk, gulrøtter og 1 ts. salt. Kok i 5 til 7 minutter. Rør inn anis, ingefær, koriander og hvitløk. Kok til dufter (ca. 30 sekunder).

Kombiner kikertene og kraften og kok opp. Rør inn couscous og erter. Dekk til og fjern fra varmen. Sett til side til couscousen er myk.

Tilsett persillen i couscousen og luft med en gaffel. Hell over ekstra olje og krydre godt. Server med sitronbåter.

Næring (for 100g): 649 Kalorier 14,2 g Fett 102,8 g Karbohydrater 30,1 g Protein 812 mg Natrium

Vegetarisk Paella med grønne bønner og kikerter

Forberedelsestid: 10 minutter

Matlagingstid: 35 minutter

Porsjoner: 4

Vanskelighetsgrad: Enkel

Ingredienser:

- En klype safran
- Grønnsaksbuljong - 3 kopper
- Olivenolje - 1 ss.
- Gul løk - 1 stor, i terninger
- Hvitløk - 4 fedd, i skiver
- Rød paprika - 1, i terninger
- Knuste tomater - ¾ kopp, ferske eller hermetiske
- Tomatpuré - 2 ss.
- Varm paprika - 1 ½ ts.
- Salt - 1 ts.
- Nykvernet sort pepper - ½ ts.
- Grønne bønner - 1 ½ kopper, trimmet og halvert
- Kikerter - 1 15 unse boks, drenert og skylt
- Kortkornet hvit ris - 1 kopp
- Sitron - 1, kuttet i terninger

Veibeskrivelse:

Bland safrantrådene med 3 ss. varmt vann i en liten bolle. I en kjele, kok opp vannet på middels varme. Senk varmen og la det småkoke.

Kok opp oljen i en panne på middels varme. Bland inn løken og stek i 5 minutter. Tilsett paprika og hvitløk og stek i 7 minutter eller til paprikaen er myk. Rør inn safran-vannblanding, salt, pepper, paprika, tomatpuré og tomater.

Tilsett ris, kikerter og grønne bønner. Rør inn den varme buljongen og kok opp. Senk varmen og la det småkoke uten lokk i 20 minutter.

Serveres varm, pyntet med sitronbåter.

Næring (for 100g): 709 kalorier 12 g fett 121 g karbohydrater 33 g protein 633 mg natrium

Hvitløksreker med tomater og basilikum

Forberedelsestid: 10 minutter

Matlagingstid: 10 minutter

Porsjoner: 4

Vanskelighetsgrad: Enkel

Ingredienser:

- Olivenolje - 2 ss.
- Reker - 1 ¼ pund, skrellet og deveined
- Hvitløk - 3 fedd, finhakket
- Knust rød pepperflak - 1/8 ts.
- Tørr hvitvin - ¾ kopp
- Druetomater - 1 ½ kopper
- Finhakket fersk basilikum - ¼ kopp, pluss mer til pynt
- Salt - ¾ ts.
- Kvernet svart pepper - ½ ts.

Veibeskrivelse:

Varm oljen i en stekepanne på middels varme. Tilsett rekene og stek i 1 minutt, eller til de akkurat er gjennomstekt. Overfør til en tallerken.

Tilsett de røde pepperflakene og hvitløken i oljen i pannen og stek i 30 sekunder under omrøring. Rør inn vinen og kok til den er redusert til omtrent halvparten.

Tilsett tomatene og stek til tomatene begynner å brytes ned (ca. 3 til 4 minutter). Rør inn reserverte reker, salt, pepper og basilikum. Kok i ytterligere 1 til 2 minutter.

Server garnert med resten av basilikum.

Næring (for 100g): 282 kalorier 10 g fett 7 g karbohydrater 33 g protein 593 mg natrium

Reker Paella

Forberedelsestid: 10 minutter

Matlagingstid: 25 minutter

Porsjoner: 4

Vanskelighetsgrad: Middels

Ingredienser:

- Olivenolje - 2 ss.
- Middels løk - 1, i terninger
- Rød paprika - 1, i terninger
- Hvitløk - 3 fedd, finhakket
- En klype safran
- Varm paprika - ¼ ts.
- Salt - 1 ts.
- Nykvernet sort pepper - ½ ts.
- Kyllingbuljong - 3 kopper, delt
- Kortkornet hvit ris - 1 kopp
- Skrellede og deveirede kongereker - 1 lb
- Frosne erter - 1 kopp, tint

Veibeskrivelse:

Varm olivenolje i en stekepanne. Rør inn løk og paprika og stek i 6 minutter, eller til den er myk. Tilsett salt, pepper, paprika, safran og hvitløk og bland. Rør inn 2 ½ kopper buljong og ris.

Gi blandingen et oppkok og la det småkoke til risen er mør, ca 12 minutter. Legg rekene og ertene over risen og tilsett den resterende ½ kopp kraften.

Sett lokket tilbake på pannen og stek til alle rekene er akkurat gjennomstekt (ca. 5 minutter). tjene.

Næring (for 100g): 409 kalorier 10 g fett 51 g karbohydrater 25 g protein 693 mg natrium

Linsesalat med oliven, mynte og fetaost

Forberedelsestid: 60 minutter

Matlagingstid: 60 minutter

Porsjoner: 6

Vanskelighetsgrad: Middels

Ingredienser:

- Salt og pepper
- Franske linser - 1 kopp, plukket og skylt
- Hvitløk - 5 fedd, lett knust og skrellet
- laurbærblad - 1
- Ekstra virgin olivenolje - 5 ss.
- Hvitvinseddik - 3 ss.
- Utstenede Kalamata-oliven - ½ kopp, hakket
- Hakket fersk mynte - ½ kopp
- Sjalottløk - 1 stor, finhakket
- Fetaost - 1 unse, smuldret

Veibeskrivelse:

Tilsett 4 kopper varmt vann og 1 ts. salt i en bolle. Tilsett linsene og la trekke i romtemperatur i 1 time. Tøm godt.

Sett ovnstativet i midten og varm ovnen til 325F. Kombiner linsene, 4 kopper vann, hvitløk, laurbærblad og ½ ts. salt i en panne. Dekk til og sett pannen i ovnen og stek i 40 til 60 minutter, eller til linsene er møre.

Tøm linsene godt, kast hvitløk og laurbærblad. Kombiner olje og eddik i en stor bolle. Tilsett sjalottløk, mynte, oliven og linser og bland alt sammen.

Smak til med salt og pepper. Legg pent i serveringsbollen og pynt med fetaost. tjene.

Næring (for 100g): 249 Kalorier 14,3 g Fett 22,1 g Karbohydrater 9,5 g Protein 885 mg Natrium

Kikerter Med Hvitløk Og Persille

Forberedelsestid: 5 minutter

Matlagingstid: 20 minutter

Porsjoner: 6

Vanskelighetsgrad: Middels

Ingredienser:

- Extra virgin olivenolje - ¼ kopp
- Hvitløk - 4 fedd, i tynne skiver
- Rød pepperflak - 1/8 ts.
- Løk - 1, hakket
- Salt og pepper
- Kikerter - 2 15 unse bokser, skylt
- Kyllingbuljong - 1 kopp
- Hakket fersk persille - 2 ss.
- Sitronsaft - 2 ts.

Veibeskrivelse:

Tilsett 3 ss i en panne. olje og stek hvitløk- og pepperflak i 3 minutter. Rør inn løken og ¼ ts. salt og kok i 5 til 7 minutter.

Rør inn kikerter og kraft og kok opp. Reduser varmen og la det småkoke på lav varme i 7 minutter, under lokk.

Åpne lokket og skru varmen til høy og kok i 3 minutter, eller til all væsken har fordampet. Sett til side og bland inn sitronsaft og persille.

Smak til med salt og pepper. Drypp med 1 ss. olje og server.

Næring (for 100g): 611 Kalorier 17,6 g Fett 89,5 g Karbohydrater 28,7 g Protein 789 mg Natrium

Stuede kikerter med aubergine og tomater

Forberedelsestid: 10 minutter

Matlagingstid: 60 minutter

Porsjoner: 6

Vanskelighetsgrad: Enkel

Ingredienser:

- Extra virgin olivenolje - ¼ kopp
- Løk - 2, hakket
- Grønn paprika - 1, finhakket
- Salt og pepper
- Hvitløk - 3 fedd, finhakket
- Hakket fersk oregano - 1 ss.
- laurbærblader - 2
- Aubergine - 1 pund, kuttet i 1 tommers biter
- Hele skrellede tomater - 1 boks, avtappet med beholdt juice, hakket
- Kikerter - 2 (15-unse) bokser, drenert med 1 kopp væske reservert

Veibeskrivelse:

Plasser ovnsristen på den nedre midtre delen og varm ovnen til 400F. Varm olje i den nederlandske ovnen. Tilsett paprika, løk, ½ ts. salt og ¼ ts. pepper. Stek i 5 minutter.

Rør inn 1 ts. oregano, hvitløk og laurbærblader og stek i 30 sekunder. Rør inn tomater, aubergine, reservert juice, kikerter og reservert væske og kok opp. Overfør pannen til ovnen og stek uten lokk i 45 til 60 minutter. Rør to ganger.

Kast laurbærbladene. Rør inn de resterende 2 ts. oregano og smak til med salt og pepper. tjene.

Næring (for 100g): 642 Kalorier 17,3 g Fett 93,8 g Karbohydrater 29,3 g Protein 983 mg Natrium

Gresk sitronris

Forberedelsestid: 20 minutter

Matlagingstid: 45 minutter

Porsjoner: 6

Vanskelighetsgrad: Middels

Ingredienser:

- Langkornet ris - 2 kopper, ukokt (bløtlagt i kaldt vann i 20 minutter, deretter drenert)
- Ekstra virgin olivenolje - 3 ss.
- Gul løk - 1 medium, hakket
- Hvitløk - 1 fedd, finhakket
- Orzo pasta - ½ kopp
- Saft av 2 sitroner, pluss skall av 1 sitron
- Natriumbuljong - 2 kopper
- klype salt
- Hakket persille - 1 stor håndfull
- Dill luke - 1 ts.

Veibeskrivelse:

Varm i en panne 3 ss. ekstra virgin olivenolje. Tilsett løken og stek i 3 til 4 minutter. Tilsett orzo-pasta og hvitløk og rør sammen.

Hell deretter inn risen for å belegge. Tilsett buljong og sitronsaft. Kok opp og senk varmen. Dekk til og kok i ca 20 minutter.

Fjern fra varme. Dekk til og la stå i 10 minutter. Avdekke og rør inn sitronskall, dill og persille. tjene.

Næring (for 100g): 145 Kalorier 6,9 g Fett 18,3 g Karbohydrater 3,3 g Protein 893 mg Natrium

Hvitløk-urteris

Forberedelsestid: 10 minutter

Matlagingstid: 30 minutter

Porsjoner: 4

Vanskelighetsgrad: Enkel

Ingredienser:

- Extra virgin olivenolje - ½ kopp, delt
- Store hvitløksfedd - 5, finhakket
- Brun jasminris - 2 kopper
- Vann - 4 kopper
- Havsalt - 1 ts.
- Svart pepper - 1 ts.
- Finhakket fersk gressløk - 3 ss.
- Hakket fersk persille - 2 ss.
- Finhakket fersk basilikum - 1 ss.

Veibeskrivelse:

Tilsett ¼ kopp olivenolje, hvitløk og ris i en kjele. Rør og varm opp over middels varme. Rør inn vann, havsalt og sort pepper. Bland deretter igjen.

Kok opp og senk varmen. La det småkoke uten lokk, rør av og til.

Når vannet er nesten absorbert, bland inn den resterende ¼ kopp olivenolje, sammen med basilikum, persille og gressløk.

Rør til krydderne er innlemmet og alt vannet er absorbert.

Næring (for 100g): 304 kalorier 25,8 g fett 19,3 g karbohydrater 2 g protein 874 mg natrium

Middelhavsrissalat

Forberedelsestid: 10 minutter

Matlagingstid: 25 minutter

Porsjoner: 4

Vanskelighetsgrad: Middels

Ingredienser:

- Extra virgin olivenolje - ½ kopp, delt
- Langkornet brun ris - 1 kopp
- Vann - 2 kopper
- Fersk sitronsaft - ¼ kopp
- Fedd hvitløk - 1, finhakket
- Hakket fersk rosmarin - 1 ts.
- Hakket fersk mynte - 1 ts.
- Sikori - 3, finhakket
- Rød paprika - 1 medium, finhakket
- Drivhusagurk - 1 stk, i skiver
- Hakket hel grønn løk - ½ kopp
- Hakkede Kalamata-oliven - ½ kopp
- Rød pepperflak - ¼ ts.
- Smuldret fetaost - ¾ kopp
- Havsalt og sort pepper

Veibeskrivelse:

Varm ¼ kopp olivenolje, ris og en klype salt i en kjele på lav varme. Rør for å belegge risen. Tilsett vannet og la det småkoke til vannet er absorbert. Rør av og til. Hell risen i en stor bolle og avkjøl.

I en annen bolle kombinerer du gjenværende ¼ kopp olivenolje, røde pepperflak, oliven, grønn løk, agurk, paprika, endive, mynte, rosmarin, hvitløk og sitronsaft.

Tilsett risen i blandingen og bland sammen. Bland forsiktig inn fetaosten.

Smak til og juster krydderne. tjene.

Næring (for 100g): 415 kalorier 34 g fett 28,3 g karbohydrater 7 g protein 4755 mg natrium

Frisk bønne- og tunfisksalat

Forberedelsestid: 5 minutter

Matlagingstid: 20 minutter

Porsjoner: 6

Vanskelighetsgrad: Enkel

Ingredienser:

- Skrellede (skrellede) friske bønner - 2 kopper
- laurbærblader - 2
- Ekstra virgin olivenolje - 3 ss.
- Rødvinseddik - 1 ss.
- Salt og sort pepper
- Tunfisk av beste kvalitet - 1 boks (6-unse), pakket i olivenolje
- Salte kapers - 1 ss. bløtlagt og tørket
- Finhakket flatbladpersille - 2 ss.
- Rødløk - 1 skiver

Veibeskrivelse:

Kok opp lettsaltet vann i en kjele. Tilsett bønnene og laurbærbladene; kok deretter i 15 til 20 minutter, eller til bønnene er møre, men fortsatt faste. Hell av, kast aromater og legg i en bolle.

Pensle straks bønnene med eddik og olje. Tilsett salt og sort pepper. Bland godt og krydre. Tøm tunfisken og sleng tunfiskkjøttet gjennom bønnesalaten. Tilsett persille og kapers. Rør sammen og legg skivene med rødløk på toppen. tjene.

Næring (for 100g): 85 kalorier 7,1 g fett 4,7 g karbohydrater 1,8 g protein 863 mg natrium

Deilig kyllingpasta

Forberedelsestid: 10 minutter

Matlagingstid: 17 minutter

Porsjoner: 4

Vanskelighetsgrad: Enkel

Ingredienser:

- 3 kyllingbryst, uten skinn, ben, kuttet i biter
- 9 oz fullkornspasta
- 1/2 kopp oliven, i skiver
- 1/2 kopp soltørkede tomater
- 1 ss stekt rød paprika, finhakket
- 14 oz boks tomat, i terninger
- 2 kopper marinara saus
- 1 kopp kyllingkraft
- Pepper
- Salt

Veibeskrivelse:

Rør alle ingrediensene unntatt fullkornspasta i hurtiggryten.

Lukk lokket og kok over høy varme i 12 minutter.

Når du er ferdig, slipper du trykket naturlig. Ta av lokket.

Tilsett pasta og rør godt. Lukk glasset igjen og velg manuell og still inn timeren på 5 minutter.

Når du er ferdig, slipp trykket i 5 minutter, og slipp deretter resten med hurtigutløseren. Ta av lokket. Rør godt og server.

Næring (for 100g): 615 kalorier 15,4 g fett 71 g karbohydrater 48 g protein 631 mg natrium

Smaker Taco Rice Bowl

Forberedelsestid: 10 minutter

Matlagingstid: 14 minutter

Porsjoner: 8

Vanskelighetsgrad: Middels

Ingredienser:

- 1 pund kjøttdeig
- 8 oz cheddarost, revet
- 14 oz kan røde bønner
- 2 oz tacokrydder
- 16 oz salsa
- 2 kopper vann
- 2 kopper brun ris
- Pepper
- Salt

Veibeskrivelse:

Sett instant-gryten til sauté-modus.

Legg kjøttet i pannen og stek til det er brunt.

Tilsett vann, bønner, ris, tacokrydder, salt og pepper og rør godt.

Avslutt med salsa. Lukk lokket og stek på høy varme i 14 minutter.

Når du er ferdig, slipp trykket med hurtigutløseren. Ta av lokket.

Bland inn cheddarosten og rør til osten er smeltet.

Server og nyt.

Næring (for 100g): 464 Kalorier 15,3 g Fett 48,9 g Karbohydrater 32,2 g Protein 612 mg Natrium

Smakfull Mac & Cheese

Forberedelsestid: 10 minutter

Matlagingstid: 10 minutter

Porsjoner: 6

Vanskelighetsgrad: Enkel

Ingredienser:

- 16 oz full hvete albuepasta
- 4 kopper vann
- 1 kopp boks tomat, i terninger
- 1 ts hvitløk, hakket
- 2 ss olivenolje
- 1/4 kopp grønn løk, hakket
- 1/2 kopp parmesanost, revet
- 1/2 kopp mozzarellaost, revet
- 1 kopp cheddarost, revet
- 1/4 kopp passata
- 1 kopp usøtet mandelmelk
- 1 kopp marinert artisjokk, i terninger
- 1/2 kopp soltørkede tomater, i skiver
- 1/2 kopp oliven, i skiver
- 1 ts salt

Veibeskrivelse:

Tilsett pasta, vann, tomater, hvitløk, olje og salt i gryten og rør godt. Dekk lokket og stek på høy.

Når det er gjort, slipp trykket i noen minutter og slipp resten ved hjelp av hurtigutladning. Ta av lokket.

Sett pannen i sautémodus. Tilsett grønn løk, parmesanost, mozzarellaost, cheddarost, passata, mandelmelk, artisjokk, soltørkede tomater og oliven. Bland godt.

Rør godt og kok til osten er smeltet.

Server og nyt.

Næring (for 100g): 519 kalorier 17,1 g fett 66,5 g karbohydrater 25 g protein 588 mg natrium

Agurk Oliven Ris

Forberedelsestid: 10 minutter

Matlagingstid: 10 minutter

Porsjoner: 8

Vanskelighetsgrad: Middels

Ingredienser:

- 2 kopper ris, skylt
- 1/2 kopp oliven, uthulet
- 1 kopp agurk, hakket
- 1 ss rødvinseddik
- 1 ts sitronskall, revet
- 1 ss fersk sitronsaft
- 2 ss olivenolje
- 2 kopper grønnsaksbuljong
- 1/2 ts tørket oregano
- 1 rød paprika, finhakket
- 1/2 kopp løk, hakket
- 1 ss olivenolje
- Pepper
- Salt

Veibeskrivelse:

Tilsett olje i den indre kjelen i hurtiggryten og velg kjelen i sautémodus. Tilsett løken og stek i 3 minutter. Tilsett paprika og oregano og stek i 1 minutt.

Tilsett ris og kraft og rør godt. Lukk lokket og stek på høy varme i 6 minutter. Når du er ferdig, slipp trykket i 10 minutter, og slipp deretter resten med hurtigutløseren. Ta av lokket.

Tilsett resten av ingrediensene og rør alt godt sammen. Server umiddelbart og nyt.

Næring (for 100g): 229 kalorier 5,1 g fett 40,2 g karbohydrater 4,9 g protein 210 mg natrium

Smaker Urterisotto

Forberedelsestid: 10 minutter
Matlagingstid: 15 minutter
Porsjoner: 4
Vanskelighetsgrad: Middels

Ingredienser:

- 2 kopper ris
- 2 ss parmesanost, revet
- 3,5 oz tung krem
- 1 ss frisk oregano, hakket
- 1 ss frisk basilikum, hakket
- 1/2 ss salvie, finhakket
- 1 løk, hakket
- 2 ss olivenolje
- 1 ts hvitløk, hakket
- 4 kopper grønnsakskraft
- Pepper
- Salt

Veibeskrivelse:

Tilsett olje i det indre karet i instant-gryten og sett pannen i sautémodus. Tilsett hvitløk og løk i den indre kjelen i instantgryten og trykk kjelen til sautémodus. Tilsett hvitløk og løk og stek i 2-3 minutter.

Tilsett de resterende ingrediensene unntatt parmesanost og kremfløte og rør godt. Lukk lokket og kok over høy varme i 12 minutter.

Når du er ferdig slipper du trykket i 10 minutter og slipper resten ved hjelp av hurtigutløseren. Ta av lokket. Rør inn fløte og ost og server.

Næring (for 100g): 514 Kalorier 17,6 g Fett 79,4 g Karbohydrater 8,8 g Protein 488 mg Natrium

Deilig Pasta Primavera

Forberedelsestid: 10 minutter

Matlagingstid: 4 minutter

Porsjoner: 4

Vanskelighetsgrad: Enkel

Ingredienser:

- 8 oz full hvete penne pasta
- 1 ss fersk sitronsaft
- 2 ss frisk persille, hakket
- 1/4 kopp skivede mandler
- 1/4 kopp parmesanost, revet
- 14 oz boks tomat, i terninger
- 1/2 kopp svisker
- 1/2 kopp zucchini, hakket
- 1/2 kopp asparges
- 1/2 kopp gulrøtter, hakket
- 1/2 kopp brokkoli, hakket
- 1 3/4 kopper grønnsaksbuljong
- Pepper
- Salt

Veibeskrivelse:

Tilsett buljong, pars, tomater, plommer, zucchini, asparges, gulrøtter og brokkoli i instantgryten og rør godt. Lukk og stek på høy i 4 minutter. Når du er ferdig, slipp trykket med hurtigutløseren. Ta av lokket. Rør de resterende ingrediensene godt og server.

Næring (for 100g): 303 kalorier 2,6 g fett 63,5 g karbohydrater 12,8 g protein 918 mg natrium

Pasta med stekt paprika

Forberedelsestid: 10 minutter

Matlagingstid: 13 minutter

Porsjoner: 6

Vanskelighetsgrad: Middels

Ingredienser:

- 1 pund helhvete penne pasta
- 1 ss italiensk krydder
- 4 kopper grønnsakskraft
- 1 ss hvitløk, hakket
- 1/2 løk, hakket
- 14 oz krukke med stekt rød paprika
- 1 kopp fetaost, smuldret
- 1 ss olivenolje
- Pepper
- Salt

Veibeskrivelse:

Tilsett stekt paprika i blenderen og kjør til en jevn masse. Tilsett olje i den indre kjelen i hurtiggryten og sett kannen på sauté-innstillingen. Tilsett hvitløk og løk i den indre koppen av instant-gryten og sett gryten til å sautere. Tilsett hvitløk og løk og stek i 2-3 minutter.

Tilsett den blandede ristede paprikaen og stek i 2 minutter.

Tilsett de resterende ingrediensene, unntatt fetaosten og rør godt. Lukk den godt og stek på høyeste innstilling i 8 minutter. Når du er ferdig, slipp trykket naturlig i 5 minutter, og slipp deretter resten med hurtigutløseren. Ta av lokket. Dryss over fetaost og server.

Næring (for 100g): 459 Kalorier 10,6 g Fett 68,1 g Karbohydrater 21,3 g Protein 724 mg Natrium

Ost basilikum tomat ris

Forberedelsestid: 10 minutter

Matlagingstid: 26 minutter

Porsjoner: 8

Vanskelighetsgrad: Middels

Ingredienser:

- 1 1/2 kopper brun ris
- 1 kopp parmesanost, revet
- 1/4 kopp frisk basilikum, hakket
- 2 kopper druetomater, halvert
- 8 oz boks tomatsaus
- 1 3/4 kopp grønnsaksbuljong
- 1 ss hvitløk, hakket
- 1/2 kopp løk, i terninger
- 1 ss olivenolje
- Pepper
- Salt

Veibeskrivelse:

Tilsett olje i det indre bassenget i Instant Pot og velg pannen som skal sauteres. Ha hvitløk og løk i det indre karet i instantgryten og sett det på den sauterte måten. Bland hvitløk og løk og stek i 4 minutter. Tilsett ris, tomatsaus, kraft, salt og pepper og rør godt.

Lukk den og stek på høy i 22 minutter.

Når du er ferdig slipper du trykket i 10 minutter og slipper resten ved hjelp av hurtigutløseren. Fjern lokket. Rør inn resten av ingrediensene og bland. Server og nyt.

Næring (for 100g): 208 Kalorier 5,6 g Fett 32,1 g Karbohydrater 8,3 g Protein 863 mg Natrium

Mac og ost

Forberedelsestid: 10 minutter

Matlagingstid: 4 minutter

Porsjoner: 8

Vanskelighetsgrad: Enkel

Ingredienser:

- 1 pund fullkornspasta
- 1/2 kopp parmesanost, revet
- 4 kopper cheddarost, strimlet
- 1 kopp melk
- 1/4 ts hvitløkspulver
- 1/2 ts malt sennep
- 2 ss olivenolje
- 4 kopper vann
- Pepper
- Salt

Veibeskrivelse:

Tilsett pasta, hvitløkspulver, sennep, olje, vann, salt og pepper i gryten. Lukk godt og kok på høy varme i 4 minutter. Når du er ferdig, slipp trykket med hurtigutløseren. Åpne lokket. Tilsett resten av ingrediensene, rør godt og server.

Næring (for 100g): 509 kalorier 25,7 g fett 43,8 g karbohydrater 27,3 g protein 766 mg natrium

tunfisk pasta

Forberedelsestid: 10 minutter

Matlagingstid: 8 minutter

Porsjoner: 6

Vanskelighetsgrad: Middels

Ingredienser:

- 10 oz tunfisk, drenert
- 15 oz hel hvete rotini pasta
- 4 oz mozzarellaost, i terninger
- 1/2 kopp parmesanost, revet
- 1 ts tørket basilikum
- 14 oz boks tomat
- 4 kopper grønnsakskraft
- 1 ss hvitløk, hakket
- 8 oz sopp, i skiver
- 2 zucchini, i skiver
- 1 løk, hakket
- 2 ss olivenolje
- Pepper
- Salt

Veibeskrivelse:

Hell olje i den indre kjelen i instantgryten og trykk på kjelen for å sautere. Tilsett sopp, zucchini og løk og stek til løken er myk. Tilsett hvitløk og stek i et minutt.

Tilsett pasta, basilikum, tunfisk, tomater og kraft og rør godt. Lukk og stek på høy varme i 4 minutter. Når du er ferdig, slipp trykket i 5 minutter, og slipp deretter resten med hurtigutløseren. Ta av lokket. Tilsett de resterende ingrediensene, rør godt og server.

Næring (for 100g): 346 Kalorier 11,9 g Fett 31,3 g Karbohydrater 6,3 g Protein 830 mg Natrium

Avokado og kalkunblanding Panini

Forberedelsestid: 5 minutter

Matlagingstid: 8 minutter

Porsjoner: 2

Vanskelighetsgrad: Enkel

Ingredienser:

- 2 røde paprika, stekt og skåret i skiver
- ¼ pund tynne skiver mesquite røkt kalkunbryst
- 1 kopp hele ferske spinatblader, delt
- 2 skiver provolone ost
- 1 ss olivenolje, delt
- 2 ciabattaruller
- ¼ kopp majones
- ½ moden avokado

Veibeskrivelse:

Bland majones og avokado godt i en bolle. Forvarm deretter Panini-pressen.

Skjær bollene i to og fordel olivenolje på innsiden av brødet. Fyll den deretter med fyll, legg dem på lag: provolone, kalkunbryst, stekt rød pepper, spinatblader og fordel avokadoblandingen og topp med den andre brødskiven.

Legg smørbrødet i Panini-pressen og grill i 5 til 8 minutter til osten er smeltet og brødet er sprøtt og rillet.

Næring (for 100g): 546 Kalorier 34,8 g Fett 31,9 g Karbohydrater 27,8 g Protein 582 mg Natrium

Agurk, kylling og mango wrap

Forberedelsestid: 5 minutter

Matlagingstid: 20 minutter

Porsjoner: 1

Vanskelighetsgrad: Vanskelig

Ingredienser:

- ½ av en middels agurk kuttet på langs
- ½ moden mango
- 1 ss salatdressing etter eget valg
- 1 hel hvete tortilla wrap
- 1-tommers tykk skive kyllingbryst omtrent 6 tommer lang
- 2 ss olje til steking
- 2 ss fullkornshvetemel
- 2 til 4 salatblader
- Salt og pepper etter smak

Veibeskrivelse:

Skjær et kyllingbryst i 1-tommers strimler og stek totalt 6-tommers strimler. Det ville vært som to strimler med kylling. Reserver den resterende kyllingen for fremtidig bruk.

Krydre kyllingen med salt og pepper. Ha i fullkornshvetemel.

Plasser en liten stekepanne på middels varme og varm opp olje. Når oljen er varm, tilsett kyllingstrimlene og stek i ca 5 minutter på hver side til de er gyldenbrune.

Mens kyllingen steker, sett tortillawraps i ovnen og stek i 3 til 5 minutter. Sett deretter til side og over på en tallerken.

Skjær agurken i to på langs, bruk kun ½ og behold resten av agurken. Skrell agurken kuttet i fire og fjern marven. Legg de to agurkskivene på tortillawrapen, 1 tomme unna kanten.

Skjær mangoen i skiver og ha den andre halvdelen med frø. Skrell den pittede mangoen, kutt i strimler og legg oppå agurken på tortillawrapen.

Når kyllingen er ferdigstekt legger du kyllingen ved siden av agurken på rekke og rad.

Tilsett agurkblad, drypp med salatdressing etter eget valg.

Rull sammen tortillawrap, server og nyt.

Næring (for 100g): 434 kalorier 10 g fett 65 g karbohydrater 21 g protein 691 mg natrium

Fattoush – brød fra Midtøsten

Forberedelsestid: 10 minutter

Matlagingstid: 15 minutter

Porsjoner: 6

Vanskelighetsgrad: Vanskelig

Ingredienser:

- 2 brød pitabrød
- 1 ss Extra Virgin Olivenolje
- 1/2 ts sumac, mer til senere
- Salt og pepper
- 1 hjerte Romainesalat
- 1 engelsk agurk
- 5 Roma tomater
- 5 grønne løk
- 5 reddiker
- 2 kopper hakkede friske bladpersille
- 1 kopp hakkede friske mynteblader
- <u>Ingredienser til dressing:</u>
- 1 1/2 lime, saft av
- 1/3 kopp ekstra virgin olivenolje
- Salt og pepper
- 1 ts malt sumak
- 1/4 ts malt kanel
- snaue 1/4 ts malt allehånde

Veibeskrivelse:

Rist pitabrødene i ovnen i 5 minutter. Og så bryter du pitabrødet i biter.

Varm opp 3 ss olivenolje i en stor kjele over middels varme i 3 minutter. Tilsett pitabrød og stek til de er brune, ca 4 minutter mens du rører.

Tilsett salt, pepper og 1/2 ts sumac. Sett pitabrødene til side fra varmen og legg dem i kjøkkenpapir for å renne av seg.

Kast strimlet salat, agurk, tomater, grønn løk, skivede reddiker, mynteblader og persille i en stor salatskål.

For å lage limevinaigretten blander du alle ingrediensene i en liten bolle.

Rør dressingen inn i salaten og bland godt. Bland inn pitabrødet.

Server og nyt.

Næring (for 100g): 192 kalorier 13,8 g fett 16,1 g karbohydrater 3,9 g protein 655 mg natrium

Hvitløk og tomat Glutenfri Focaccia

Forberedelsestid: 5 minutter

Matlagingstid: 20 minutter

Porsjoner: 8

Vanskelighetsgrad: Vanskelig

Ingredienser:

- 1 egg
- ½ ts sitronsaft
- 1 ss honning
- 4 ss olivenolje
- En klype sukker
- 1 kopp varmt vann
- 1 ss aktiv tørrgjær
- 2 ts rosmarin, finhakket
- 2 ts timian, finhakket
- 2 ts basilikum, finhakket
- 2 fedd hvitløk, finhakket
- 1 ¼ ts havsalt
- 2 ts xantangummi
- ½ kopp hirsemel
- 1 kopp potetstivelse, ikke mel
- 1 kopp sorghummel
- Glutenfritt maismel til støvtørking

Veibeskrivelse:

Slå ovnen på i 5 minutter og deretter av, hold ovnsdøren lukket.

Kombiner varmt vann og en klype sukker. Tilsett gjær og rør forsiktig. La stå i 7 minutter.

I en stor miksebolle, visp sammen krydder, hvitløk, salt, xantangummi, stivelse og mel. Når gjæren er ferdig hevet, heller du den over i bollen med mel. Pisk inn egg, sitronsaft, honning og olivenolje.

Bland grundig og legg i en godt smurt firkantet panne drysset med maismel. Topp med fersk hvitløk, mer urter og skivede tomater. Sett i forvarmet ovn og la heve i en halv time.

Slå på ovnen til 375oF og etter forvarmingstiden i 20 minutter. Focaccia er klar når toppen er lett brunet. Fjern umiddelbart fra ovnen og pannen og la avkjøles. Serveres best når den er varm.

Næring (for 100g): 251 kalorier 9 g fett 38,4 g karbohydrater 5,4 g protein 366 mg natrium

Grillede burgere med sopp

Forberedelsestid: 15 minutter

Matlagingstid: 10 minutter

Porsjoner: 4

Vanskelighetsgrad: Middels

Ingredienser:

- 2 Bibb-salat, halvert
- 4 skiver rødløk
- 4 skiver tomat
- 4 fullkornsboller, ristede
- 2 ss olivenolje
- ¼ ts kajennepepper, valgfritt
- 1 fedd hvitløk, finhakket
- 1 ss sukker
- ½ kopp vann
- 1/3 kopp balsamicoeddik
- 4 store Portobello sopphetter, ca 5 tommer i diameter

Veibeskrivelse:

Fjern stilkene fra soppen og rengjør dem med en fuktig klut. Overfør til en bakebolle med gjellesiden opp.

I en bolle blander du olivenolje, cayennepepper, hvitløk, sukker, vann og eddik grundig. Hell over sopp og mariner sopp i refen i minst en time.

Når timen er nesten ute, forvarm grillen til middels varme og smør grillristen.

Grill soppen i fem minutter på hver side eller til den er gjennomstekt. Tør sopp med marinade slik at de ikke tørker ut.

For å sette sammen, legg ½ rundstykke på en tallerken, topp med en skive løk, sopp, tomat og et salatblad. Topp med den andre øvre halvdelen av bollen. Gjenta prosessen med de resterende ingrediensene, server og nyt.

Næring (for 100g): 244 Kalorier 9,3 g Fett 32 g Karbohydrater 8,1 g Protein 693 mg Natrium

Middelhavet Baba Ganoush

Forberedelsestid: 10 minutter

Matlagingstid: 25 minutter

Porsjoner: 4

Vanskelighetsgrad: Middels

Ingredienser:

- 1 hvitløkløk
- 1 rød paprika, halvert og frøsådd
- 1 ss hakket fersk basilikum
- 1 ss olivenolje
- 1 ts sort pepper
- 2 auberginer, i skiver på langs
- 2 runder flatbrød eller pita
- Saft av 1 sitron

Veibeskrivelse:

Pensle grillristen med kokespray og forvarm grillen til middels høy.

Skjær hvitløksløken i skiver og pakk inn i folie. Legg i den kjøligere delen av grillen og stek i minst 20 minutter. Legg pepper- og aubergineskivene på den varmeste delen av grillen. Grill til begge sider.

Når pærene er klare, skreller du skinnet av den stekte hvitløken og legger den skrellede hvitløken i kjøkkenmaskinen. Tilsett olivenolje, pepper, basilikum, sitronsaft, grillet rød pepper og grillet aubergine. Puré og hell i en bolle.

Grill brødet i minst 30 sekunder på hver side for å bli gjennomvarmt. Server brødet med den moste dippen og nyt.

Næring (for 100g):231,6 kalorier 4,8 g fett 36,3 g karbohydrater 6,3 g protein 593 mg natrium

Multikorn- og glutenfrie middagsruller

Forberedelsestid: 10 minutter

Matlagingstid: 20 minutter

Porsjoner: 8

Vanskelighetsgrad: Middels

Ingredienser:

- ½ ts eplecidereddik
- 3 ss olivenolje
- 2 egg
- 1 ts bakepulver
- 1 ts salt
- 2 ts xantangummi
- ½ kopp tapiokastivelse
- ¼ kopp brunt teffmel
- ¼ kopp linmåltid
- ¼ kopp amarantmel
- ¼ kopp sorghum mel
- ¾ kopp brunt rismel

Veibeskrivelse:

Bland godt vann og honning i en liten bolle og tilsett gjær. La det stå i nøyaktig 10 minutter.

Bruk en stavmikser til å kombinere følgende: natron, salt, xantangummi, linfrømel, sorghummel, teffmel, tapiokastivelse, amarantmel og brunt rismel.

I en middels bolle, visp sammen eddik, olivenolje og egg.

I en bolle med tørre ingredienser, hell eddik- og gjærblandingen og bland godt.

Smør en muffinsform til 12 muffins med bakespray. Ha deigen jevnt over i 12 muffinsformer og la heve i en time.

Forvarm deretter ovnen til 375oF og stek bollene til toppen er gyllenbrun, ca. 20 minutter.

Ta umiddelbart middagsrullene ut av ovnen og muffinsformer og la dem avkjøles.

Serveres best når den er varm.

Næring (for 100g):207 Kalorier 8,3 g Fett 27,8 g Karbohydrater 4,6 g Protein 844 mg Natrium

Linguini med sjømat

Forberedelsestid: 10 minutter

Matlagingstid: 35 minutter

Porsjoner: 2

Vanskelighetsgrad: Vanskelig

Ingredienser:

- 2 fedd hvitløk, finhakket
- 4 unser linguine, full hvete
- 1 ss olivenolje
- 14 gram tomater, hermetisert og i terninger
- 1/2 ss sjalottløk, hakket
- 1/4 kopp hvitvin
- Havsalt og sort pepper etter smak
- 6 kirsebærmuslinger, trimmet
- 4 gram Tilapia, kuttet i 1-tommers strimler
- 4 gram tørket kamskjell
- 1/8 kopp parmesanost, revet
- 1/2 ts merian, hakket og fersk

Veibeskrivelse:

Kok opp vannet i pannen og kok pastaen, dette tar ca åtte minutter. Tøm og skyll pastaen.

Varm oljen i en stor stekepanne over middels varme, og når oljen er varm, rør inn hvitløk og sjalottløk. Kok i et minutt og rør ofte.

Øk varmen til middels før du tilsetter salt, vin, pepper og tomater, og kok opp. Kok i et minutt til.

Tilsett deretter muslingene, dekk til og kok i ytterligere to minutter.

Rør deretter inn merian, kamskjell og fisk. Fortsett å koke til fisken er ferdigstekt og muslingene har åpnet seg. Dette bør ta opptil fem minutter, og fjern eventuelle muslinger som ikke åpner seg.

Hell sausen og muslingene over pastaen, dryss over parmesan og merian før servering. Serveres varm.

Næring (for 100g): 329 kalorier 12 g fett 10 g karbohydrater 33 g protein 836 mg natrium

Ingefærreker og tomatrelish

Forberedelsestid: 10 minutter

Matlagingstid: 15 minutter

Porsjoner: 2

Vanskelighetsgrad: Vanskelig

Ingredienser:

- 1 1/2 ss vegetabilsk olje
- 1 fedd hvitløk, finhakket
- 10 reker, ekstra store, skrelles og haler på
- 3/4 ss Finger, revet og skrelt
- 1 grønne tomater, halvert
- 2 plommetomater, halvert
- 1 ss limejuice, fersk
- 1/2 ts sukker
- 1/2 ss Jalapeno med frø, fersk og hakket
- 1/2 ss basilikum, fersk og hakket
- 1/2 ss koriander, hakket og fersk
- 10 spyd
- Havsalt og sort pepper etter smak

Veibeskrivelse:

Bløtlegg spydene i en panne med vann i minst en halv time.

Rør hvitløken og ingefæren sammen i en bolle, overfør halvparten av den til en større bolle og rør den med to spiseskjeer av oljen. Tilsett rekene og pass på at de er godt belagt.

Dekk den til og sett den i kjøleskapet i minst en halvtime og la den avkjøles.

Varm opp grillen til høy og smør ristene lett med olje. Ta ut en bolle og sleng sviskene og de grønne tomatene med den resterende spiseskjeen olje, smak til med salt og pepper.

Grill tomatene med snittsiden opp og skinnet skal være forkullet. Kjøttet på tomaten din skal være mykt, noe som bør ta omtrent fire til seks minutter for plommetomaten og omtrent ti minutter for den grønne tomaten.

Når tomatene er kjølige nok til å håndtere, fjerner du skallet og kaster frøene. Finhakk tomatkjøttet og tilsett den reserverte ingefæren og hvitløken. Tilsett sukker, jalapeno, limejuice og basilikum.

Krydre rekene med salt og pepper, tre dem på spydene og grill til de blir ugjennomsiktige, som er omtrent to minutter på hver side. Legg rekene på et fat du liker og nyt.

Næring (for 100g): 391 kalorier 13 g fett 11 g karbohydrater 34 g protein 693 mg natrium

Reker og pasta

Forberedelsestid: 10 minutter

Matlagingstid: 10 minutter

Porsjoner: 2

Vanskelighetsgrad: Middels

Ingredienser:

- 2 kopper Angel Hair Pasta, kokt
- 1/2 lb. Middels reker, skrelt
- 1 fedd hvitløk, finhakket
- 1 kopp tomat, hakket
- 1 ts olivenolje
- 1/6 kopp Kalamata-oliven, uthulet og hakket
- 1/8 kopp basilikum, fersk og i tynne skiver
- 1 ss kapers, avrent
- 1/8 kopp fetaost, smuldret
- Dash svart pepper

Veibeskrivelse:

Kok pastaen i henhold til instruksjonene på pakken, og varm deretter olivenolje i en stekepanne på middels varme. Kok hvitløken i et halvt minutt og tilsett deretter rekene. Stek i et minutt til.

Tilsett basilikum og tomat og reduser varmen til å småkoke i tre minutter. Tomaten din skal være myk.

Rør inn oliven og kapers. Tilsett en dæsj sort pepper og kombiner rekeblandingen og pastaen til servering. Dryss over ost før servering varm.

Næring (for 100g): 357 kalorier 11 g fett 9 g karbohydrater 30 g protein 871 mg natrium

Posjert torsk

Forberedelsestid: 10 minutter

Matlagingstid: 25 minutter

Porsjoner: 2

Vanskelighetsgrad: Middels

Ingredienser:

- 2 torskefileter, 6 unser
- Havsalt og sort pepper etter smak
- 1/4 kopp tørr hvitvin
- 1/4 kopp sjømatkraft
- 2 fedd hvitløk, finhakket
- 1 laurbærblad
- 1/2 ts salvie, fersk og hakket
- 2 kvister rosmarin til pynt

Veibeskrivelse:

Start med å skru ovnen på 375 og krydre filetene med salt og pepper. Legg i en ildfast form og tilsett kraft, hvitløk, vin, salvie og laurbærblad. Dekk godt til og stek i tjue minutter. Fisken din skal være flassende når du tester den med en gaffel.

Bruk en slikkepott til å fjerne hver filet, legg deretter væsken over høy varme og kok for å redusere til det halve. Dette vil ta ti minutter og du må røre regelmessig. Server drypp i posjerevæske og pynt med en kvist rosmarin.

Næring (for 100g): 361 kalorier 10 g fett 9 g karbohydrater 34 g protein 783 mg natrium

Blåskjell i hvitvin

Forberedelsestid: 5 minutter

Matlagingstid: 10 minutter

Porsjoner: 2

Vanskelighetsgrad: Vanskelig

Ingredienser:

- 2 lbs. Levende blåskjell, fersk
- 1 kopp tørr hvitvin
- 1/4 ts havsalt, fint
- 3 fedd hvitløk, finhakket
- 2 ts sjalottløk, i terninger
- 1/4 kopp persille, frisk og hakket, delt
- 2 ss olivenolje
- 1/4 sitron, presset

Veibeskrivelse:

Ta et dørslag og skrubb blåskjellene, og skyll dem deretter med kaldt vann. Kast muslinger som ikke lukker seg når du banker på dem, og bruk deretter en skrellekniv for å fjerne skjegget fra hver musling.

Ta ut kjelen, sett den på middels varme og tilsett hvitløk, sjalottløk, vin og persille. Gi det et oppkok. Når det koker jevnt, tilsett blåskjellene og dekk til. La dem småkoke i fem til syv minutter. Pass på at de ikke blir overkokte.

Bruk en hullsleiv til å fjerne dem og tilsett sitronsaft og olivenolje i kjelen. Rør godt og hell buljongen over blåskjellene dine før du serverer med persille.

Næring (for 100g): 345 kalorier 9 g fett 18 g karbohydrater 37 g protein 693 mg natrium

Dilly laks

Forberedelsestid: 10 minutter
Matlagingstid: 15 minutter
Porsjoner: 2
Vanskelighetsgrad: Middels

Ingredienser:

- 2 laksefileter, 6 gram hver
- 1 ss olivenolje
- 1/2 mandarin, presset
- 2 ts appelsinskall
- 2 ss dill, fersk og hakket
- Havsalt og sort pepper etter smak

Veibeskrivelse:

Forbered ovnen til 375 grader og ta ut to 10-tommers stykker folie. Gni filetene med olivenolje på begge sider før du krydres med salt og pepper, og legg deretter hver filet i et stykke folie.

Drypp over appelsinjuice og strø over appelsinskall og dill. Brett sammen pakken, sørg for at det er to tommer luft i folien slik at fisken kan dampe, og legg den deretter på en ildfast form.

Stek i 15 minutter før du åpner pakkene og legg på to serveringsfat. Hell sausen over toppen av hver før servering.

Næring (for 100g): 366 kalorier 14 g fett 9 g karbohydrater 36 g protein 689 mg natrium

Glatt laks

Forberedelsestid: 8 minutter

Matlagingstid: 8 minutter

Porsjoner: 2

Vanskelighetsgrad: Enkel

Ingredienser:

- Laks, 6-unse filet
- Sitron, 2 skiver
- Kapers, 1 ss
- Havsalt og pepper, 1/8 ts
- Extra virgin olivenolje, 1 ss

Veibeskrivelse:

Sett en ren stekepanne over middels varme for å koke i 3 minutter. Ha olivenolje på en tallerken og dekk laksen helt. Stek laksen over høy varme i pannen.

Topp laksen med resten av ingrediensene og vend på hver side for å steke. Se når begge sider er brune. Det kan ta 3-5 minutter per side. Sørg for at laksen er stekt ved å teste med en gaffel.

Server med sitronskiver.

Næring (for 100g): 371 kalorier 25,1 g fett 0,9 g karbohydrater 33,7 g protein 782 mg natrium

Tunfisk melodi

Forberedelsestid: 20 minutter

Matlagingstid: 20 minutter

Porsjoner: 2

Vanskelighetsgrad: Enkel

Ingredienser:

- Tunfisk, 12 gram
- Grønn løk, 1 til pynt
- Pepper, finhakket
- Eddik, 1 skvett
- Salt og pepper etter smak
- Avokado, 1, halvert og uthulet
- gresk yoghurt, 2 ss

Veibeskrivelse:

Bland tunfisken med eddik, løk, yoghurt, avokado og pepper i en bolle.

Tilsett krydder, bland og server med grønnløkspynt.

Næring (for 100g): 294 kalorier 19 g fett 10 g karbohydrater 12 g protein 836 mg natrium

Sjøost

Forberedelsestid: 12 minutter

Matlagingstid: 25 minutter

Porsjoner: 2

Vanskelighetsgrad: Enkel

Ingredienser:

- Laks, 6-unse filet
- Tørket basilikum, 1 ss
- Ost, 2 ss, revet
- Tomat, 1, i skiver
- Extra virgin olivenolje, 1 ss

Veibeskrivelse:

Forbered en bakeovn for 375 F. Legg aluminiumsfolie i en bakebolle og spray med matolje. Legg laksen forsiktig på bakepapiret og topp med resten av ingrediensene.

La laksen brunes i 20 minutter. La avkjøles i fem minutter og ha over på et serveringsfat. Du vil se toppingen i midten av laksen.

Næring (for 100g): 411 kalorier 26,6 g fett 1,6 g karbohydrater 8 g protein 822 mg natrium

Sunne biffer

Forberedelsestid: 10 minutter

Matlagingstid: 20 minutter

Porsjoner: 2

Vanskelighetsgrad: Enkel

Ingredienser:

- Olivenolje, 1 ts
- Kveitebiff, 8 oz
- Hvitløk, ½ ts, finhakket
- Smør, 1 ss
- Salt og pepper etter smak

Veibeskrivelse:

Varm opp en stekepanne og tilsett oljen. Brun biffene i en panne på middels varme, smelt smøret med hvitløk, salt og pepper. Tilsett biffene, bland til belegg og server.

Næring (for 100g): 284 kalorier 17 g fett 0,2 g karbohydrater 8 g protein 755 mg natrium

Urte laks

Forberedelsestid: 8 minutter
Matlagingstid: 18 minutter
Porsjoner: 2
Vanskelighetsgrad: Enkel

Ingredienser:

- Laks, 2 fileter uten skinn
- Grovt salt etter smak
- Extra virgin olivenolje, 1 ss
- Sitron, 1, i skiver
- Frisk rosmarin, 4 kvister

Veibeskrivelse:

Forvarm ovnen til 400F. Legg aluminiumsfolie i en ildfast form og legg laksen oppå. Dekk laksen med resten av ingrediensene og stek i 20 minutter. Server umiddelbart med sitronskiver.

Næring (for 100g):257 kalorier 18 g fett 2,7 g karbohydrater 7 g protein 836 mg natrium

Smokey glasert tunfisk

Forberedelsestid: 35 minutter

Matlagingstid: 10 minutter

Porsjoner: 2

Vanskelighetsgrad: Enkel

Ingredienser:

- Tunfisk, 4 unse biffer
- Appelsinjuice, 1 ss
- Finhakket hvitløk, ½ fedd
- Sitronsaft, ½ ts
- Frisk persille, 1 ss, finhakket
- Soyasaus, 1 ss
- Extra virgin olivenolje, 1 ss
- Kvernet sort pepper, ¼ ts
- Oregano, ¼ ts

Veibeskrivelse:

Velg en miksebolle og tilsett alle ingrediensene unntatt tunfisken. Bland godt og tilsett deretter tunfisken i marinaden. Sett denne blandingen i kjøleskapet i en halv time. Varm en grillpanne og stek tunfisken på hver side i 5 minutter. Server når den er kokt.

Næring (for 100g): 200 kalorier 7,9 g fett 0,3 g karbohydrat 10 g protein 734 mg natrium

Sprø kveite

Forberedelsestid: 20 minutter

Matlagingstid: 15 minutter

Porsjoner: 2

Vanskelighetsgrad: Enkel

Ingredienser:

- Persille på toppen
- Frisk dill, 2 ss, finhakket
- Fersk gressløk, 2 ss, finhakket
- Olivenolje, 1 ss
- Salt og pepper etter smak
- Kveitefileter, 6 oz
- Sitronskall, ½ ts, finrevet
- gresk yoghurt, 2 ss

Veibeskrivelse:

Forvarm ovnen til 400F. Kle et stekebrett med folie. Tilsett alle ingrediensene i en bred form og mariner filetene. Skyll og tørk fileter; legg deretter til ovnen og stek i 15 minutter.

Næring (for 100g): 273 Kalorier 7,2 g Fett 0,4 g Karbohydrater 9 g Protein 783 mg Natrium

Passe tunfisk

Forberedelsestid: 15 minutter

Matlagingstid: 10 minutter

Porsjoner: 2

Vanskelighetsgrad: Enkel

Ingredienser:

- Egg,
- Løk, 1 ss, finhakket
- Selleri opp
- Salt og pepper etter smak
- Hvitløk, 1 fedd, finhakket
- Hermetisk tunfisk, 7 oz
- gresk yoghurt, 2 ss

Veibeskrivelse:

Hell av tunfisken og tilsett egget og yoghurten med hvitløk, salt og pepper.

Kombiner denne blandingen i en bolle med løk og form til karbonader. Ta en stor stekepanne og brun karbonadene i 3 minutter på hver side. Hell av og server.

Næring (for 100g): 230 kalorier 13 g fett 0,8 g karbohydrater 10 g protein 866 mg natrium

Lune og ferske fiskesteker

Forberedelsestid: 14 minutter

Matlagingstid: 14 minutter

Porsjoner: 2

Vanskelighetsgrad: Enkel

Ingredienser:

- Hvitløk, 1 fedd, finhakket
- Sitronsaft, 1 ss
- Brunt sukker, 1 ss
- Kveitebiff, 1 lb
- Salt og pepper etter smak
- Soyasaus, ¼ ts
- Smør, 1 ts
- gresk yoghurt, 2 ss

Veibeskrivelse:

Forvarm grillen til middels varme. Bland smør, sukker, yoghurt, sitronsaft, soyasaus og krydder i en bolle. Varm blandingen i en panne. Bruk denne blandingen til å pensle på biffen mens du steker på grillen. Serveres varm.

Næring (for 100g): 412 Kalorier 19,4 g Fett 7,6 g Karbohydrater 11 g Protein 788 mg Natrium

Blåskjell O' Marine

Forberedelsestid: 20 minutter

Matlagingstid: 10 minutter

Porsjoner: 2

Vanskelighetsgrad: Enkel

Ingredienser:

- Blåskjell, skrubbet og skjeggete, 1 lb
- Kokosmelk, ½ kopp
- Cayennepepper, 1 ts
- Frisk sitronsaft, 1 ss
- Hvitløk, 1 ts, finhakket
- Koriander, nyhakket til pynt
- Brunt sukker, 1 ts

Veibeskrivelse:

Bland alle ingrediensene, unntatt blåskjellene, i en kjele. Varm opp blandingen og kok opp. Tilsett blåskjellene og kok i 10 minutter. Server i en bolle med den kokte væsken.

Næring (for 100g): 483 Kalorier 24,4 g Fett 21,6 g Karbohydrater 1,2 g Protein 499 mg Natrium

Slow Cooker middelhavsbiff

Forberedelsestid: 10 minutter

Matlagingstid: 10 timer og 10 minutter

Porsjoner: 6

Vanskelighetsgrad: Middels

Ingredienser:

- 3lb Chuck Roast, uten bein
- 2 ts rosmarin
- ½ kopp tomater, soltørket og hakket
- 10 fedd revet hvitløk
- ½ kopp storfekraft
- 2 ss balsamicoeddik
- ¼ kopp hakket italiensk persille, fersk
- ¼ kopp hakkede oliven
- 1 ts sitronskall
- ¼ kopp ostegryn

Veibeskrivelse:

Ha hvitløk, soltørkede tomater og stek i slow cooker. Tilsett oksekraft og rosmarin. Lukk kjelen og koker sakte i 10 timer.

Etter at tilberedningen er over, fjern kjøttet og riv kjøttet i stykker. Kast fettet. Legg det strimlede kjøttet i saktekokeren og la det småkoke i 10 minutter. Kombiner sitronskall, persille og oliven i en liten bolle. Avkjøl blandingen til den skal serveres. Pynt med den avkjølte blandingen.

Server den over pasta eller eggnudler. Dryss den med ostegryn.

Næring (for 100g): 314 kalorier 19 g fett 1 g karbohydrater 32 g protein 778 mg natrium

Slow Cooker middelhavsbiff med artisjokker

Forberedelsestid: 3 timer og 20 minutter

Matlagingstid: 7 timer og 8 minutter

Porsjoner: 6

Vanskelighetsgrad: Enkel

Ingredienser:

- 2 pund biff til lapskaus
- 14 gram Artisjokkhjerter
- 1 ss druekjerneolje
- 1 hakket løk
- 32 gram storfekjøttkraft
- 4 fedd hvitløk, revet
- 14½ gram hermetiske tomater, i terninger
- 15 gram tomatsaus
- 1 ts tørket oregano
- ½ kopp pitted, hakkede oliven
- 1 ts tørket persille
- 1 ts tørket oregano
- ½ ts malt spisskummen
- 1 ts tørket basilikum
- 1 laurbærblad
- ½ ts salt

Veibeskrivelse:

Hell litt olje i en stor stekepanne og sett til middels varme. Stek kjøttet til det er brunet på begge sider. Overfør biff til en sakte komfyr.

Tilsett oksebuljong, tomater i terninger, tomatsaus, salt og bland. Hell i kjøttkraften, tomater i terninger, oregano, oliven, basilikum, persille, laurbærblad og spisskummen. Bland blandingen grundig.

Lukk og kok på lav varme i 7 timer. Kast laurbærbladet ved servering. Serveres varm.

Næring (for 100g): 416 kalorier 5 g fett 14,1 g karbohydrater 29,9 g protein 811 mg natrium

Mager grytestek i middelhavsstil

Forberedelsestid: 30 minutter

Koketid: 8 timer

Porsjoner: 10

Vanskelighetsgrad: Vanskelig

Ingredienser:

- 4 pund Øye- eller rundstek
- 4 fedd hvitløk
- 2 ts olivenolje
- 1 ts nykvernet sort pepper
- 1 kopp hakket løk
- 4 gulrøtter, finhakket
- 2 ts tørket rosmarin
- 2 hakkede selleristilker
- 28 gram hermetiske knuste tomater
- 1 kopp lavnatriumbiffbuljong
- 1 kopp rødvin
- 2 ts salt

Veibeskrivelse:

Krydre biffen med salt, hvitløk og pepper og sett til side. Hell olje i en non-stick panne og sett til middels varme. Tilsett kjøttet og brun på alle sider. Overfør nå roastbiffen til en 6 liter saktekoker. Tilsett gulrøtter, løk, rosmarin og selleri i pannen. Fortsett å koke til løken og grønnsakene er myke.

Rør tomater og vin inn i denne grønnsaksblandingen. Tilsett oksebuljong og tomatblanding i saktekokeren sammen med grønnsaksblandingen. Lukk og kok på lavt nivå i 8 timer.

Når kjøttet er stekt, fjern det fra saktekokeren og legg det på et skjærebrett og pakk inn i aluminiumsfolie. For å tykne sausen, overfør den til en kjele og kok på lav varme til den får ønsket konsistens. Kast fett før servering.

Næring (for 100g):260 kalorier 6 g fett 8,7 g karbohydrater 37,6 g protein 588 mg natrium

Slow cooker kjøttkake

Forberedelsestid: 10 minutter

Matlagingstid: 6 timer og 10 minutter

Porsjoner: 8

Vanskelighetsgrad: Middels

Ingredienser:

- 2 pund malt bison
- 1 revet zucchini
- 2 store egg
- Olivenolje matlagingsspray etter behov
- 1 Zucchini, revet
- ½ kopp persille, frisk, finhakket
- ½ kopp parmesanost, revet
- 3 ss balsamicoeddik
- 4 fedd hvitløk, revet
- 2 ss finhakket løk
- 1 ss tørket oregano
- ½ ts malt svart pepper
- ½ ts kosher salt
- For toppingen:
- ¼ kopp revet mozzarellaost
- ¼ kopp ketchup uten sukker
- ¼ kopp nyhakket persille

Veibeskrivelse:

Kle innsiden av en seks-liters saktekoker med aluminiumsfolie. Spray non-stick matolje over den.

I en stor bolle kombinerer du malt bison eller ekstra magert oksefilet, squash, egg, persille, balsamicoeddik, hvitløk, tørket oregano, sjø- eller koshersalt, finhakket tørr løk og malt svart pepper.

Ha denne blandingen i saktekokeren og form til et avlangt brød. Dekk til pannen, sett på lav varme og kok i 6 timer. Etter tilberedning åpner du komfyren og fordeler ketchupen over kjøttkaken.

Legg nå osten som et nytt lag oppå ketchupen og lukk saktekokeren. La kjøttkaken sitte på disse to lagene i ca 10 minutter eller til osten begynner å smelte. Pynt med fersk persille og revet mozzarellaost.

Næring (for 100g): 320 kalorier 2g fett 4g karbohydrater 26g protein 681mg natrium

Slow Cooker Mediterranean Beef Hoagies

Forberedelsestid: 10 minutter

Koketid: 13 timer

Porsjoner: 6

Vanskelighetsgrad: Middels

Ingredienser:

- 3 pund biff rund stekt fettfri
- ½ ts løkpulver
- ½ ts sort pepper
- 3 kopper lavnatriumbiffbuljong
- 4 ts salatdressingblanding
- 1 laurbærblad
- 1 ss hvitløk, finhakket
- 2 røde paprika, i tynne skiver
- 16 gram Pepperoncino
- 8 skiver Sargento Provolone, tynne
- 2 gram glutenfritt brød
- ½ teskje salt
- <u>For urter:</u>
- 1½ ss løkpulver
- 1½ ss hvitløkspulver
- 2 ss tørket persille
- 1 spiseskje stevia
- ½ ts tørket timian

- 1 ss tørket oregano
- 2 ss sort pepper
- 1 spiseskje salt
- 6 skiver ost

Veibeskrivelse:

Tørk steken med et papirhåndkle. Kombiner svart pepper, løkpulver og salt i en liten bolle og gni blandingen over steken. Legg den krydrede steken i en langsom komfyr.

Tilsett buljong, salatdressingblanding, laurbærblad og hvitløk til saktekokeren. Kombiner det forsiktig. Lukk og sett på lav koke i 12 timer. Etter koking, fjern laurbærbladet.

Ta ut det kokte biff og riv kjøttet. Ha tilbake det strimlede oksekjøttet og tilsett paprika og. Tilsett paprika og pepperoncino i saktekokeren. Dekk til pannen og kok på lav varme i 1 time. Før servering, topp hvert brød med 3 gram av kjøttblandingen. Topp den med en skive ost. Den flytende sausen kan brukes som dipsaus.

Næring (for 100g): 442 kalorier 11,5 g fett 37 g karbohydrater 49 g protein 735 mg natrium

Middelhavet svinestek

Forberedelsestid: 10 minutter

Matlagingstid: 8 timer og 10 minutter

Porsjoner: 6

Vanskelighetsgrad: Middels

Ingredienser:

- 2 ss olivenolje
- 2 pund stekt svinekjøtt
- ½ teskje paprika
- ¾ kopp kyllingkraft
- 2 ts tørket salvie
- ½ spiseskje hvitløksfars
- ¼ teskje tørket merian
- ¼ teskje tørket rosmarin
- 1 teskje oregano
- ¼ teskje tørket timian
- 1 ts basilikum
- ¼ ts kosher salt

Veibeskrivelse:

Kombiner kraft, olje, salt og krydder i en liten bolle. Hell olivenolje i en panne og sett til middels varme. Tilsett svinekjøttet og stek til det er brunet på alle sider.

Fjern svinekjøttet etter steking og stikk hull på steken med en kniv. Plasser den prikkede svinesteken i en 6-quarts crock-gryte. Hell nå væsken fra den lille bolleblandingen over steken.

Lukk crockpot og kok på lavt i 8 timer. Etter koking, fjern fra crockpot på et skjærebrett og riv i biter. Etter det legger du det strimlede svinekjøttet tilbake i crockpoten. La det småkoke i ytterligere 10 minutter. Server med fetaost, pitabrød og tomater.

Næring (for 100g):361 Kalorier 10,4 g Fett 0,7 g Karbohydrater 43,8 g Protein 980 mg Natrium

Biff pizza

Forberedelsestid: 20 minutter

Matlagingstid: 50 minutter

Porsjoner: 10

Vanskelighetsgrad: Vanskelig

Ingredienser:

- For skorpe:
- 3 kopper allsidig mel
- 1 spiseskje sukker
- 2¼ ts aktiv tørrgjær
- 1 teskje salt
- 2 ss olivenolje
- 1 kopp varmt vann
- Til topping:
- 1 pund kjøttdeig
- 1 middels løk, hakket
- 2 ss tomatpuré
- 1 ss malt spisskummen
- Salt og kvernet sort pepper om nødvendig
- ¼ kopp vann
- 1 kopp frisk spinat, hakket
- 8 gram artisjokkhjerter, delt i kvarte
- 4 gram fersk sopp, i skiver

- 2 tomater, i biter
- 4 gram fetaost, smuldret

Veibeskrivelse:

For skorpe:

Bland mel, sukker, gjær og salt med en stående mikser, bruk eltekroken. Tilsett 2 ss olje og varmt vann og elt til en jevn og elastisk deig.

Form deigen til en ball og sett til side i ca 15 minutter.

Legg deigen på et lett melet underlag og rull til en sirkel. Legg deigen i en lett smurt rund pizzaform og trykk forsiktig ned. Sett til side i ca 10-15 minutter. Pensle skorpen med litt olje. Forvarm ovnen til 400 grader F.

Til topping:

Stek kjøttet i en stekepanne på middels varme i ca 4-5 minutter. Bland inn løken og stek i ca 5 minutter, rør ofte. Tilsett tomatpuré, spisskummen, salt, sort pepper og vann og rør sammen.

Skru varmen til middels og stek i ca 5-10 minutter. Fjern fra varmen og sett til side. Legg biffblandingen på pizzabunnen og strø over spinat, etterfulgt av artisjokker, sopp, tomater og fetaost.

Stek til osten har smeltet. Ta ut av ovnen og la hvile i ca 3-5 minutter før du skjærer i skiver. Skjær i skiver av ønsket størrelse og server.

Næring (for 100g): 309 kalorier 8,7 g fett 3,7 g karbohydrater 3,3 g protein 732 mg natrium

Biff & Bulgur kjøttboller

Forberedelsestid: 20 minutter

Matlagingstid: 28 minutter

Porsjoner: 6

Vanskelighetsgrad: Middels

Ingredienser:

- ¾ kopp ukokt bulgur
- 1 pund kjøttdeig
- ¼ kopp sjalottløk, finhakket
- ¼ kopp frisk persille, hakket
- ½ ts malt allehånde
- ½ ts malt spisskummen
- ½ teskje malt kanel
- ¼ ts rød pepper flak, knust
- Salt, etter behov
- 1 spiseskje olivenolje

Veibeskrivelse:

Bløtlegg bulguren i en stor bolle med kaldt vann i ca 30 minutter. Tøm bulguren godt, og klem deretter med hendene for å fjerne overflødig vann. I en foodprosessor, tilsett bulgur, biff, sjalottløk, persille, krydder, salt og puls til jevn.

Ha blandingen i en bolle og dekk til og avkjøl i ca 30 minutter. Ta ut av kjøleskapet og form like store kuler av biffblandingen. Varm oljen i en stor stekepanne på middels varme og stek kjøttbollene i 2 omganger i ca 13-14 minutter, snu ofte. Serveres varm.

Næring (for 100g): 228 Kalorier 7,4 g Fett 0,1 g Karbohydrater 3,5 g Protein 766 mg Natrium

Velsmakende biff og brokkoli

Forberedelsestid: 10 minutter

Matlagingstid: 15 minutter

Porsjoner: 4

Vanskelighetsgrad: Enkel

Ingredienser:

- 1 og ½ pund. flankstek
- 1 ss. oliven olje
- 1 ss. tamari saus
- 1 kopp biffbuljong
- 1 pund brokkoli, buketter atskilt

Veibeskrivelse:

Kombiner biffstrimler med olje og tamari, bland og sett til side i 10 minutter. Velg hurtigpanne i sautémodus, sett inn biffstrimlene og brun i 4 minutter på hver side. Rør i kraft, dekk til igjen og stek på høy i 8 minutter. Rør inn brokkolien, dekk til og kok over høy varme i ytterligere 4 minutter. Fordel alt mellom tallerkener og server. Nyter!

Næring (for 100g): 312 kalorier 5 g fett 20 g karbohydrater 4 g protein 694 mg natrium

Biff Mais Chili

Forberedelsestid: 8-10 minutter

Matlagingstid: 30 minutter

Porsjoner: 8

Vanskelighetsgrad: Middels

Ingredienser:

- 2 små løk, hakket (fint)
- ¼ kopp hermetisert mais
- 1 spiseskje olje
- 10 gram magert kjøttdeig
- 2 små chili, i terninger

Veibeskrivelse:

Slå på instant-gryten. Klikk på "SAUTION". Hell i oljen og rør inn løk, chili og biff; kok til den er gjennomsiktig og mør. Hell de 3 koppene med vann i kokekaret; Bland godt.

Lukk lokket. Velg "MEAT/STEW". Still inn timeren på 20 minutter. La koke til timeren når null.

Klikk "CANCEL" og deretter "NPR" for naturlig trykkavlastning i ca. 8-10 minutter. Åpne og legg i serveringsskåler. tjene.

Næring (for 100g): 94 kalorier 5g fett 2g karbohydrater 7g protein 477mg natrium

Balsamicobiff rett

Forberedelsestid: 5 minutter

Matlagingstid: 55 minutter

Porsjoner: 8

Vanskelighetsgrad: Middels

Ingredienser:

- 3 pund chuck stek
- 3 fedd hvitløk, i tynne skiver
- 1 spiseskje olje
- 1 ts smaksatt eddik
- ½ teskje pepper
- ½ teskje rosmarin
- 1 ss smør
- ½ ts timian
- ¼ kopp balsamicoeddik
- 1 kopp biffbuljong

Veibeskrivelse:

Skjær snitt i steken og stikk hvitløkskiver over det hele. Kombiner smaksatt eddik, rosmarin, pepper, timian og gni blandingen over steken. Velg pannen på sautémodus og bland inn oljen, la oljen varmes opp. Stek begge sider av steken.

Ta den ut og sett til side. Rør inn smør, kraft, balsamicoeddik og deglaser pannen. Legg tilbake steken og lukk lokket, og stek deretter på HØYT trykk i 40 minutter.

Utfør en rask opplåsing. Tjene!

Næring (for 100g): 393 kalorier 15 g fett 25 g karbohydrater 37 g protein 870 mg natrium

Soyasaus Biff

Forberedelsestid: 8 minutter

Matlagingstid: 35 minutter

Porsjoner: 2-3

Vanskelighetsgrad: Middels

Ingredienser:

- ½ ts oksebuljong
- 1 ½ teskje rosmarin
- ½ teskje finhakket hvitløk
- 2 pund roastbiff
- 1/3 kopp soyasaus

Veibeskrivelse:

Bland soyasaus, kraft, rosmarin og hvitløk i en miksebolle.

Slå på instant potten. Legg steken og hell nok vann til å dekke steken; rør forsiktig for å blande godt. Lukk den ordentlig.

Klikk på tilberedningsfunksjonen "KJØTT/STEW"; still trykknivået til "HIGH" og still koketiden til 35 minutter. La trykket bygge opp for å tilberede ingrediensene. Når du er ferdig, klikker du på "AVBRYT"-innstillingen og deretter på "NPR"-kokefunksjonen for å frigjøre trykket naturlig.

Åpne lokket gradvis og riv kjøttet i strimler. Bland det strimlede kjøttet tilbake i potteblandingen og rør godt. Overfør til serveringsbeholdere. Serveres varm.

Næring (for 100g): 423 kalorier 14 g fett 12 g karbohydrater 21 g protein 884 mg natrium

Rosemary Beef Chuck Stek

Forberedelsestid: 5 minutter

Matlagingstid: 45 minutter

Porsjoner: 5-6

Vanskelighetsgrad: Middels

Ingredienser:

- 3 pund chuck biff stek
- 3 fedd hvitløk
- ¼ kopp balsamicoeddik
- 1 kvist fersk rosmarin
- 1 kvist fersk timian
- 1 kopp vann
- 1 spiseskje vegetabilsk olje
- Salt og pepper etter smak

Veibeskrivelse:

Skjær skiver i biffsteken og legg hvitløksfeddene i den. Gni steken med krydder, sort pepper og salt. Forvarm hurtigpannen på sauté-innstillingen og hell i oljen. Når den er gjennomvarme, bland inn steken og rør til den er brun på alle sider. Tilsett de resterende ingrediensene; rør forsiktig.

Lukk godt og stek på høyeste innstilling i 40 minutter med manuell innstilling. La trykket slippe naturlig, ca 10 minutter. Dekk til kjøttet og legg på serveringsfat, skjær i skiver og server.

Næring (for 100g): 542 Kalorier 11,2 g Fett 8,7 g Karbohydrater 55,2 g Protein 710 mg Natrium

Svinekoteletter og tomatsaus

Forberedelsestid: 10 minutter

Matlagingstid: 20 minutter

Porsjoner: 4

Vanskelighetsgrad: Enkel

Ingredienser:

- 4 pinnekjøtt, uten ben
- 1 ss soyasaus
- ¼ teskje sesamolje
- 1 og ½ kopper tomatpuré
- 1 gul løk
- 8 sopp, i skiver

Veibeskrivelse:

Bland kotelettene med soyasaus og sesamolje i en bolle, bland og la stå i 10 minutter. Sett hurtigpannen i sautémodus, tilsett svinekoteletter og stek i 5 minutter på hver side. Rør inn løken og stek videre i 1-2 minutter. Tilsett tomatpuré og sopp, bland, dekk til og kok over høy varme i 8-9 minutter. Fordel alt mellom tallerkener og server. Nyter!

Næring (for 100g):300 kalorier 7 g fett 18 g karbohydrater 4 g protein 801 mg natrium

Kylling med kapersaus

Forberedelsestid: 10 minutter

Matlagingstid: 18 minutter

Porsjoner: 5

Vanskelighetsgrad: Vanskelig

Ingredienser:

- For kylling:
- 2 egg
- Salt og kvernet sort pepper om nødvendig
- 1 kopp tørre brødsmuler
- 2 ss olivenolje
- 1½ pund skinnfrie, benfrie kyllingbrysthalver, banket i 1-tommers tykkelse og kuttet i biter
- Til kapersaus:
- 3 ss kapers
- ½ kopp tørr hvitvin
- 3 ss fersk sitronsaft
- Salt og kvernet sort pepper om nødvendig
- 2 ss frisk persille, hakket

Veibeskrivelse:

Til kylling: Tilsett egg, salt og sort pepper i en grunne tallerken og pisk til det er godt blandet. Legg brødsmuler i en annen grunn tallerken. Bløtlegg kyllingbitene i eggeblandingen, og dekk dem deretter jevnt med brødsmuler. Rist av overflødig brødsmuler.

Kok opp oljen over middels varme og stek kyllingbitene i ca 5-7 minutter på hver side eller til ønsket ferdighet. Bruk en hullsleiv og legg kyllingbitene på en tallerken med papirhåndkle. Dekk kyllingbitene med et stykke folie for å holde dem varme.

Tilsett alle sausingrediensene unntatt persille i den samme pannen og kok i ca 2-3 minutter under konstant omrøring. Rør inn persillen og fjern fra varmen. Server kyllingbitene med kapersaustoppen.

Næring (for 100g): 352 Kalorier 13,5 g Fett 1,9 g Karbohydrater 1,2 g Protein 741 mg Natrium

Kalkunburgere med mangosalsa

Forberedelsestid: 15 minutter

Matlagingstid: 10 minutter

Porsjoner: 6

Vanskelighetsgrad: Enkel

Ingredienser:

- 1½ pund malt kalkunbryst
- 1 ts havsalt, delt
- ¼ ts nykvernet sort pepper
- 2 ss ekstra virgin olivenolje
- 2 mangoer, skrellet, uthulet og kuttet i terninger
- ½ rødløk, finhakket
- Saft av 1 lime
- 1 fedd hvitløk, finhakket
- ½ jalapeñopepper, frøsådd og finhakket
- 2 ss hakkede friske korianderblader

Veibeskrivelse:

Form 4 burgere av kalkunbrystet og smak til med ½ ts havsalt og pepper. Kok olivenoljen i en stekepanne til den skinner. Tilsett kalkunkakene og stek i ca 5 minutter på hver side til de er brune. Mens karbonadene koker, kombinerer du mango, rødløk, limejuice, hvitløk, jalapeño, koriander og resterende ½ ts havsalt i en liten bolle. Hell salsaen over kalkunkakene og server.

Næring (for 100g):384 kalorier 3g fett 27g karbohydrater 34g protein 692mg natrium

Urtestekt kalkunbryst

Forberedelsestid: 15 minutter

Matlagingstid: 1½ time (pluss 20 minutter hvile)

Porsjoner: 6

Vanskelighetsgrad: Middels

Ingredienser:

- 2 ss ekstra virgin olivenolje
- 4 fedd hvitløk, finhakket
- Skal av 1 sitron
- 1 ss hakkede friske timianblader
- 1 ss hakkede friske rosmarinblader
- 2 ss hakkede ferske italienske persilleblader
- 1 ts malt sennep
- 1 ts havsalt
- ¼ ts nykvernet sort pepper
- 1 (6 pund) kalkunbryst med bein og skinn
- 1 kopp tørr hvitvin

Veibeskrivelse:

Forvarm ovnen til 325 ° F. Kombiner olivenolje, hvitløk, sitronskall, timian, rosmarin, persille, sennep, havsalt og pepper. Pensle krydderblandingen jevnt over overflaten av kalkunbrystet, løsne skinnet og gni det også inn. Legg kalkunbrystet i en langpanne på rist med skinnsiden opp.

Hell vinen i pannen. Stek i 1 til 1½ time til kalkunen når en indre temperatur på 165 °F. Ta ut av ovnen og sett til side i 20 minutter, dekket med aluminiumsfolie for å holde seg varm, før du skjærer i skiver.

Næring (for 100g): 392 kalorier 1 g fett 2 g karbohydrater 84 g protein 741 mg natrium

Kyllingpølse og paprika

Forberedelsestid: 10 minutter

Matlagingstid: 20 minutter

Porsjoner: 6

Vanskelighetsgrad: Middels

Ingredienser:

- 2 ss ekstra virgin olivenolje
- 6 italienske kyllingpølser
- 1 løk
- 1 rød paprika
- 1 grønn paprika
- 3 fedd hvitløk, finhakket
- ½ kopp tørr hvitvin
- ½ teskje havsalt
- ¼ ts nykvernet sort pepper
- Klyp røde pepperflak

Veibeskrivelse:

Varm olivenolje i en stor stekepanne til den skinner. Tilsett pølsene og kok i 5 til 7 minutter, snu av og til, til de er brune og de har nådd en indre temperatur på 165 °F. Ta pølsen ut av pannen med en tang og sett til side på et fat, dekket med aluminiumsfolie for å holde varmen.

Sett kjelen tilbake på varmen og rør inn løk, rød pepper og grønn pepper. Kok og rør av og til til grønnsakene begynner å bli brune. Tilsett hvitløken og stek i 30 sekunder under konstant omrøring.

Rør inn vin, havsalt, pepper og rød pepperflak. Trekk de brunede bitene fra bunnen av pannen og brett dem inn. La det småkoke i ca 4 minutter til under omrøring til væsken er halvert. Hell paprikaen over pølsene og server.

Næring (for 100g): 173 kalorier 1 g fett 6 g karbohydrater 22 g protein 582 mg natrium

Kylling Piccata

Forberedelsestid: 10 minutter

Matlagingstid: 15 minutter

Porsjoner: 6

Vanskelighetsgrad: Middels

Ingredienser:

- ½ kopp fullkornshvetemel
- ½ teskje havsalt
- 1/8 ts nykvernet sort pepper
- 1½ pund kyllingbryst, kuttet i 6 stykker
- 3 ss ekstra virgin olivenolje
- 1 kopp usaltet kyllingkraft
- ½ kopp tørr hvitvin
- Saft av 1 sitron
- Skal av 1 sitron
- ¼ kopp kapers, drenert og skylt
- ¼ kopp hakkede friske bladpersille

Veibeskrivelse:

I en grunn bolle, visp sammen mel, havsalt og pepper. Kast kyllingen i melet og trykk av overflødig. Kok olivenoljen til den skinner.

Tilsett kyllingen og stek i ca 4 minutter på hver side til den er brun. Ta kyllingen ut av pannen og sett til side med aluminiumsfolie for å holde den varm.

Sett kjelen tilbake på varmen og rør inn kraft, vin, sitronsaft, sitronskall og kapers. Bruk siden av en skje og brett inn eventuelle brunede biter fra bunnen av pannen. La det småkoke til væsken tykner. Ta kjelen av varmen og ha kyllingen tilbake i kjelen. Vend til jakken. Rør inn persillen og server.

Næring (for 100g):153 kalorier 2g fett 9g karbohydrater 8g protein 692mg natrium

En-potte toskansk kylling

Forberedelsestid: 10 minutter

Matlagingstid: 25 minutter

Porsjoner: 6

Vanskelighetsgrad: Vanskelig

Ingredienser:

- ¼ kopp ekstra virgin olivenolje, delt
- 1 pund beinfri, skinnfri kyllingbryst, kuttet i ¾-tommers biter
- 1 løk, hakket
- 1 rød paprika, finhakket
- 3 fedd hvitløk, finhakket
- ½ kopp tørr hvitvin
- 1 (14 unse) boks knuste tomater, udrenerte
- 1 (14 unse) boks hakkede tomater, drenert
- 1 (14 unse) boks hvite bønner, drenert
- 1 ss tørkede italienske urter
- ½ teskje havsalt
- 1/8 ts nykvernet sort pepper
- 1/8 ts rød pepperflak
- ¼ kopp hakkede friske basilikumblader

Veibeskrivelse:

Kok 2 ss olivenolje til det skinner. Bland inn kyllingen og stek til den er brun. Ta kyllingen ut av pannen og sett til side på et fat, dekket med aluminiumsfolie for å holde seg varm.

Sett kjelen tilbake på varmen og varm opp resten av olivenoljen. Tilsett løk og rød pepper. Kok og rør sjelden, til grønnsakene er møre. Tilsett hvitløken og stek i 30 sekunder under konstant omrøring.

Rør inn vin og bruk siden av skjeen til å øse brunede biter fra bunnen av pannen. Kok i 1 minutt under omrøring.

Bland de knuste og hakkede tomatene, hvite bønner, italiensk krydder, havsalt, pepper og røde pepperflak. La det småkoke. Kok i 5 minutter, rør av og til.

Ha kyllingen og eventuell saft som har samlet seg tilbake i pannen. Stek til kyllingen er gjennomstekt. Fjern fra varmen og rør inn basilikum før servering.

Næring (for 100g): 271 kalorier 8 g fett 29 g karbohydrater 14 g protein 596 mg natrium

Kylling Kapama

Forberedelsestid: 10 minutter

Koketid: 2 timer

Porsjoner: 4

Vanskelighetsgrad: Middels

Ingredienser:

- 1 (32 unse) boks hakkede tomater, drenert
- ¼ kopp tørr hvitvin
- 2 ss tomatpuré
- 3 ss ekstra virgin olivenolje
- ¼ ts rød pepperflak
- 1 ts malt allehånde
- ½ ts tørket oregano
- 2 hele nellik
- 1 kanelstang
- ½ teskje havsalt
- 1/8 ts nykvernet sort pepper
- 4 benfrie kyllingbrysthalver uten skinn

Veibeskrivelse:

Kombiner tomater, vin, tomatpuré, olivenolje, rød pepperflak, allehånde, oregano, nellik, kanelstang, havsalt og pepper i en stor kjele. Kok opp, rør av og til. La småkoke i 30 minutter, rør av og til. Fjern og kast hele nellik og kanelstang fra sausen og la sausen avkjøles.

Forvarm ovnen til 350 ° F. Legg kyllingen i en 9 x 13-tommers bakebolle. Hell sausen over kyllingen og dekk kjelen med aluminiumsfolie. Fortsett å bake til den når en indre temperatur på 165 °F.

Næring (for 100g):220 kalorier 3 g fett 11 g karbohydrater 8 g protein 923 mg natrium

Spinat og feta fylte kyllingbryst

Forberedelsestid: 10 minutter

Matlagingstid: 45 minutter

Porsjoner: 4

Vanskelighetsgrad: Middels

Ingredienser:

- 2 ss ekstra virgin olivenolje
- 1 pund fersk babyspinat
- 3 fedd hvitløk, finhakket
- Skal av 1 sitron
- ½ teskje havsalt
- 1/8 ts nykvernet sort pepper
- ½ kopp smuldret fetaost
- 4 benfrie kyllingbryst uten skinn

Veibeskrivelse:

Forvarm ovnen til 350 ° F. Stek olivenoljen på middels varme til den skinner. Tilsett spinaten. Fortsett å koke og rør til det har visnet.

Rør inn hvitløk, sitronskall, havsalt og pepper. Kok i 30 sekunder under konstant omrøring. Avkjøl litt og bland inn osten.

Fordel spinat- og osteblandingen i et jevnt lag over kyllingbitene og rull brystet rundt fyllet. Hold lukket med tannpirkere eller slaktergarn. Legg brystene i en 9 x 13-tommers ildfast form og stek i 30 til 40 minutter, eller til kyllingen har en indre temperatur på 165 ° F. Ta ut av ovnen og sett til side i 5 minutter før skjæring og servering.

Næring (for 100g): 263 kalorier 3g fett 7g karbohydrater 17g protein 639mg natrium

Rosmarinstekte kyllingtrommestikker

Forberedelsestid: 5 minutter

Koketid: 1 time

Porsjoner: 6

Vanskelighetsgrad: Enkel

Ingredienser:

- 2 ss hakkede friske rosmarinblader
- 1 ts hvitløkspulver
- ½ teskje havsalt
- 1/8 ts nykvernet sort pepper
- Skal av 1 sitron
- 12 kyllinglår

Veibeskrivelse:

Forvarm ovnen til 350 ° F. Bland rosmarin, hvitløkspulver, havsalt, pepper og sitronskall.

Legg trommestikkene i en 9 x 13-tommers ildfast form og dryss med rosmarinblandingen. Stek til kyllingen når en indre temperatur på 165°F.

Næring (for 100g): 163 kalorier 1 g fett 2 g karbohydrater 26 g protein 633 mg natrium

Kylling med løk, poteter, fiken og gulrøtter

Forberedelsestid: 5 minutter

Matlagingstid: 45 minutter

Porsjoner: 4

Vanskelighetsgrad: Middels

Ingredienser:

- 2 kopper fingerling poteter, halvert
- 4 ferske fiken, delt i kvarte
- 2 gulrøtter, kuttet julienne
- 2 ss ekstra virgin olivenolje
- 1 ts havsalt, delt
- ¼ ts nykvernet sort pepper
- 4 kyllinglårkvarter
- 2 ss hakkede friske bladpersille

Veibeskrivelse:

Forvarm ovnen til 425 ° F. I en liten bolle, sleng poteter, fiken og gulrøtter med olivenolje, ½ teskje havsalt og pepper. Fordel i en 9 x 13-tommers ildfast form.

Krydre kyllingen med resten av havsaltet. Legg den oppå grønnsakene. Stek til grønnsakene er møre og kyllingen når en indre temperatur på 165°F. Dryss over persillen og server.

Næring (for 100g):429 kalorier 4 g fett 27 g karbohydrater 52 g protein 581 mg natrium

Kyllinggyros med Tzatziki

Forberedelsestid: 15 minutter

Matlagingstid: 1 time og 20 minutter

Porsjoner: 6

Vanskelighetsgrad: Middels

Ingredienser:

- 1 pund malt kyllingbryst
- 1 løk, revet med overflødig vann presset ut
- 2 ss tørket rosmarin
- 1 ss tørket merian
- 6 fedd hvitløk, finhakket
- ½ teskje havsalt
- ¼ ts nykvernet sort pepper
- Tzatziki saus

Veibeskrivelse:

Forvarm ovnen til 350 ° F. Bland kylling, løk, rosmarin, merian, hvitløk, havsalt og pepper i foodprosessor. Bland til blandingen danner en pasta. Du kan også blande disse ingrediensene i en bolle til de er godt blandet (se forberedelsestips).

Trykk blandingen i en brødform. Stek til den når 165 grader indre temperatur. Ta ut av ovnen og la hvile i 20 minutter før du skjærer i skiver.

Skjær gyros i to og hell tzatzikisausen over.

Næring (for 100g): 289 kalorier 1 g fett 20 g karbohydrater 50 g protein 622 mg natrium

moussaka

Forberedelsestid: 10 minutter

Matlagingstid: 45 minutter

Porsjoner: 8

Vanskelighetsgrad: Vanskelig

Ingredienser:

- 5 ss ekstra virgin olivenolje, delt
- 1 aubergine, i skiver (uskrelt)
- 1 løk, hakket
- 1 grønn paprika, frøsådd og hakket
- 1 pund malt kalkun
- 3 fedd hvitløk, finhakket
- 2 ss tomatpuré
- 1 (14 unse) boks hakkede tomater, drenert
- 1 ss italiensk krydder
- 2 ts Worcestershire saus
- 1 ts tørket oregano
- ½ teskje malt kanel
- 1 kopp usøtet lav-fett gresk yoghurt
- 1 egg, pisket
- ¼ ts nykvernet sort pepper
- ¼ ts malt muskatnøtt
- ¼ kopp revet parmesanost
- 2 ss hakkede friske bladpersille

Veibeskrivelse:

Forvarm ovnen til 400 ° F. Kok 3 ss olivenolje til den skinner. Tilsett aubergineskivene og brun dem i 3 til 4 minutter på hver side. Overfør til tørkepapir for å renne av.

Sett kjelen tilbake på varmen og hell i de resterende 2 ss olivenolje. Tilsett løk og grønn pepper. Fortsett å koke til grønnsakene er myke. Fjern fra pannen og sett til side.

Ta kjelen til varmen og rør inn kalkunen. Kok i ca 5 minutter, smuldrer med en skje, til den er brun. Rør inn hvitløken og stek i 30 sekunder, mens du rører hele tiden.

Rør inn tomatpuré, tomater, italiensk krydder, Worcestershiresaus, oregano og kanel. Ha løken og paprikaen tilbake i pannen. Kok i 5 minutter under omrøring. Bland sammen yoghurt, egg, pepper, muskat og ost.

Ordne halvparten av kjøttblandingen i en 9 x 13-tommers bakebolle. Topp med halvparten av auberginen. Tilsett den resterende kjøttblandingen og resterende aubergine. Topp med yoghurtblandingen. Stek til de er gyldenbrune. Pynt med persillen og server.

Næring (for 100g): 338 kalorier 5 g fett 16 g karbohydrater 28 g protein 569 mg natrium

Dijon og urte Indrefilet av svin

Forberedelsestid: 10 minutter

Matlagingstid: 30 minutter

Porsjoner: 6

Vanskelighetsgrad: Middels

Ingredienser:

- ½ kopp frisk italiensk persilleblader, hakket
- 3 ss friske rosmarinblader, finhakket
- 3 ss friske timianblader, finhakket
- 3 ss dijonsennep
- 1 ss ekstra virgin olivenolje
- 4 fedd hvitløk, finhakket
- ½ teskje havsalt
- ¼ ts nykvernet sort pepper
- 1 (1½ pund) indrefilet av svin

Veibeskrivelse:

Forvarm ovnen til 400 ° F. Bland persille, rosmarin, timian, sennep, olivenolje, hvitløk, havsalt og pepper. Bearbeid i ca 30 sekunder til den er jevn. Fordel blandingen jevnt over svinekjøttet og legg på et bakepapir med rander.

Stek til kjøttet når en indre temperatur på 140°F. Ta ut av ovnen og sett til side i 10 minutter før skjæring og servering.

Næring (for 100g):393 kalorier 3g fett 5g karbohydrater 74g protein 697mg natrium

Biff med rødvinssoppsaus

Forberedelsestid: minutter pluss 8 timer å marinere

Matlagingstid: 20 minutter

Porsjoner: 4

Vanskelighetsgrad: Vanskelig

Ingredienser:

- <u>Til marinade og biff</u>
- 1 kopp tørr rødvin
- 3 fedd hvitløk, finhakket
- 2 ss ekstra virgin olivenolje
- 1 ss lavnatrium soyasaus
- 1 ss tørket timian
- 1 ts dijonsennep
- 2 ss ekstra virgin olivenolje
- 1 til 1½ pund skjørtbiff, flatjernsbiff eller tri-tip biff
- <u>Til soppsausen</u>
- 2 ss ekstra virgin olivenolje
- 1 pund cremini-sopp, delt i kvarte
- ½ teskje havsalt
- 1 ts tørket timian
- 1/8 ts nykvernet sort pepper
- 2 fedd hvitløk, finhakket
- 1 kopp tørr rødvin

Veibeskrivelse:

For å lage marinade og biffen

I en liten bolle, visp sammen vin, hvitløk, olivenolje, soyasaus, timian og sennep. Hell over i en gjenlukkbar pose og tilsett biffen.

Avkjøl biffen for å marinere i 4 til 8 timer. Fjern biffen fra marinaden og tørk med kjøkkenpapir.

Kok olivenolje i en stor kjele til den skinner.

Tilsett biffen og stek i ca. 4 minutter på hver side til den er dypt brun på hver side og biffen når en innvendig temperatur på 140°F. Ta biffen ut av pannen og legg den på en tallerken dekket med aluminiumsfolie for å holde den varm mens du tilbereder soppsausen.

Når soppsausen er klar, skjærer du biffen mot kornet i 1-tommers tykke skiver.

For å lage soppsausen

Kok opp olje i samme panne på middels varme. Tilsett sopp, havsalt, timian og pepper. Stek i ca. 6 minutter, rør veldig av og til, til soppen er brunet.

Frukt hvitløken. Rør inn vinen og bruk siden av en tresleiv til å øse ut de brunede bitene fra bunnen av pannen. Kok til væsken er halvert. Server soppen skjeen over biffen.

Næring (for 100g):405 kalorier 5 g fett 7 g karbohydrater 33 g protein 842 mg natrium

greske kjøttboller

Forberedelsestid: 20 minutter

Matlagingstid: 25 minutter

Porsjoner: 4

Vanskelighetsgrad: Middels

Ingredienser:

- 2 skiver grovt brød
- 1¼ pund malt kalkun
- 1 egg
- ¼ kopp krydret brødsmuler av hele hvete
- 3 fedd hvitløk, finhakket
- ¼ rødløk, revet
- ¼ kopp hakkede ferske italienske persilleblader
- 2 ss hakkede friske mynteblader
- 2 ss hakkede friske oreganoblader
- ½ teskje havsalt
- ¼ ts nykvernet sort pepper

Veibeskrivelse:

Forvarm ovnen til 350 ° F. Kle bakeplaten med bakepapir eller aluminiumsfolie. Kjør brødet under vann for å fukte det og klem ut overskuddet. Skjær vått brød i små biter og legg i en middels bolle.

Tilsett kalkun, egg, brødsmuler, hvitløk, rødløk, persille, mynte, oregano, havsalt og pepper. Bland godt. Form blandingen til kuler på størrelse med ¼ kopp. Legg kjøttbollene på det tilberedte arket og stek i ca 25 minutter, eller til den indre temperaturen når 165 °F.

Næring (for 100g): 350 kalorier 6 g fett 10 g karbohydrater 42 g protein 842 mg natrium

Lam med strengbønner

Forberedelsestid: 10 minutter

Koketid: 1 time

Porsjoner: 6

Vanskelighetsgrad: Vanskelig

Ingredienser:

- ¼ kopp ekstra virgin olivenolje, delt
- 6 lammekoteletter, trimmet for ekstra fett
- 1 ts havsalt, delt
- ½ ts nykvernet sort pepper
- 2 ss tomatpuré
- 1½ kopper varmt vann
- 1-kilos grønne bønner, trimmet og halvert på tvers
- 1 løk, hakket
- 2 tomater, i biter

Veibeskrivelse:

Kok 2 ss olivenolje i en stor panne til den skinner. Krydre lammekoteletter med ½ ts havsalt og 1/8 ts pepper. Stek lammet i den varme oljen i ca 4 minutter på hver side til det er brunet på begge sider. Legg kjøttet på et fat og sett til side.

Sett kjelen tilbake på varmen og tilsett de resterende 2 ss olivenolje. Varm opp til det skinner.

I en bolle smelter du tomatpuréen i det varme vannet. Legg til den varme pannen sammen med grønne bønner, løk, tomater og resterende ½ ts havsalt og ¼ ts pepper. Kok opp og bruk siden av en skje til å skrape opp de brunede bitene fra bunnen av pannen.

Ha lammekoteletter tilbake i pannen. Kok opp og skru varmen til middels høy. La småkoke i 45 minutter til bønnene er møre, tilsett mer vann om nødvendig for å justere tykkelsen på sausen.

Næring (for 100g): 439 kalorier 4 g fett 10 g karbohydrater 50 g protein 745 mg natrium

Kylling i tomat balsamico pannesaus

Forberedelsestid: 10 minutter

Matlagingstid: 20 minutter

Porsjoner: 4

Vanskelighetsgrad: Middels

Ingredienser

- 2 (8 oz. eller 226,7 g hver) benfrie, skinnfrie kyllingbryst
- ½ ts. salt
- ½ ts. malt pepper
- 3 ss. ekstra virgin olivenolje
- c. halverte cherrytomater
- 2 ss. skivet sjalottløk
- c. balsamicoeddik
- 1 ss. hakket hvitløk
- 1 ss. ristede fennikelfrø, knust
- 1 ss. smør

Veibeskrivelse:

Skjær kyllingbrystene i 4 biter og pisk med hammer til de er 2,5 cm tykke. Bruk ¼ ts salt og pepper til å belegge kyllingen. Varm to spiseskjeer olje i en stekepanne og hold varmen moderat. Stek kyllingbrystene på begge sider i tre minutter. Legg på et serveringsfat og dekk med folie for å holde varmen.

Tilsett en spiseskje olje, sjalottløk og tomater i en panne og kok til den er myk. Tilsett eddik og kok blandingen til eddiken er redusert til det halve. Tilsett fennikelfrø, hvitløk, salt og pepper og stek i cirka fire minutter. Ta den av varmen og rør den med smør. Hell denne sausen over kyllingen og server.

Næring (for 100g): 294 kalorier 17 g fett 10 g karbohydrater 2 g protein 639 mg natrium

Brun ris, feta, friske erter og myntesalat

Forberedelsestid: 10 minutter

Matlagingstid: 25 minutter

Porsjoner: 4

Vanskelighetsgrad: Enkel

Ingredienser:

- 2 c. brun ris
- 3c. vann
- Salt
- 5 oz. eller 141,7 g smuldret fetaost
- 2 c. kokte erter
- c. hakket mynte, fersk
- 2 ss. oliven olje
- Salt og pepper

Veibeskrivelse:

Ha brun ris, vann og salt i en kjele på middels varme, dekk til og kok opp. Senk varmen og la det koke til vannet har løst seg opp og risen er myk, men seig. La avkjøles helt

Tilsett feta, erter, mynte, olivenolje, salt og pepper i en salatskål med den avkjølte risen og bland alt sammen. Server og nyt!

Næring (for 100g): 613 Kalorier 18,2 g Fett 45 g Karbohydrater 12 g Protein 755 mg Natrium

Fullkorns pitabrød fylt med oliven og kikerter

Forberedelsestid: 10 minutter

Matlagingstid: 20 minutter

Porsjoner: 2

Vanskelighetsgrad: Middels

Ingredienser:

- 2 hel hvete pitabrød
- 2 ss. oliven olje
- 2 fedd hvitløk, hakket
- 1 løk, hakket
- ½ ts. spisskummen
- 10 sorte oliven, finhakket
- 2 c. kokte kikerter
- Salt og pepper

Veibeskrivelse:

Skjær opp pitabrødet og sett til side. Skru opp varmen til middels og sett en panne på plass. Tilsett olivenolje og varm opp. Kombiner hvitløk, løk og spisskummen i den varme pannen og rør mens løken mykner og spisskummen dufter. Tilsett oliven, kikerter, salt og pepper og bland til kikertene er gyldenbrune

Ta kjelen av varmen og bruk tresleiv til å mose kikertene grovt slik at noen er intakte og andre knuses. Varm pitabrødene dine i mikrobølgeovnen, i ovnen eller på en ren panne på komfyren

Fyll dem med kikertblandingen din og nyt!

Næring (for 100g): 503 kalorier 19 g fett 14 g karbohydrater 15,7 g protein 798 mg natrium

Stekt gulrøtter med valnøtter og cannellini bønner

Forberedelsestid: 10 minutter

Matlagingstid: 45 minutter

Porsjoner: 4

Vanskelighetsgrad: Middels

Ingredienser:

- 4 skrellede gulrøtter, hakket
- 1 c. valnøtter
- 1 ss. honning
- 2 ss. oliven olje
- 2 c. cannellini bønner, drenert
- 1 kvist fersk timian
- Salt og pepper

Veibeskrivelse:

Sett ovnen til 400 F/204 C og kle en stekeplate eller stekepanne med bakepapir. Legg gulrøttene og valnøttene på det kledde stekebrettet eller pannen. Dryss olivenolje og honning over gulrøttene og valnøttene og gni inn for å sikre at hver del er belagt. Del bønnene over stekebrettet og plasser dem mellom gulrøttene og valnøttene.

Tilsett timian og dryss over alt med salt og pepper Sett stekebrettet i ovnen og stek i ca 40 minutter.

Server og nyt

Næring (for 100g): 385 kalorier 27 g fett 6 g karbohydrater 18 g protein 859 mg natrium

Krydret, smurt kylling

Forberedelsestid: 10 minutter

Matlagingstid: 25 minutter

Porsjoner: 4

Vanskelighetsgrad: Middels

Ingredienser:

- c. Full pisket krem
- 1 ss. Salt
- c. Benbuljong
- 1 ss. Pepper
- 4 ss. Smør
- 4 halvdeler av kyllingbryst

Veibeskrivelse:

Sett kasserollen på middels varme i ovnen og tilsett en spiseskje smør. Når smøret er varmt og smeltet, legg kyllingen i det og stek i fem minutter på begge sider. På slutten av denne tiden skal kyllingen være gjennomstekt og gyllenbrun; i så fall, fortsett og legg den på en tallerken.

Deretter skal du legge beinbuljongen i den varme pannen. Tilsett kraftig kremfløte, salt og pepper. La så pannen stå til sausen begynner å putre. La denne prosessen pågå i fem minutter for å la sausen tykne.

Til slutt skal du legge resten av smøret og kyllingen tilbake i pannen. Sørg for å bruke en skje til å helle sausen over kyllingen og kvelle den helt. tjene

Næring (for 100g): 350 kalorier 25 g fett 10 g karbohydrater 25 g protein 869 mg natrium

Dobbel cheesy bacon kylling

Forberedelsestid: 10 minutter

Matlagingstid: 30 minutter

Porsjoner: 4

Vanskelighetsgrad: Enkel

Ingredienser:

- 4 oz. eller 113 gram. Kremost
- 1 c. Cheddar ost
- 8 baconstrimler
- Sjøsalt
- Pepper
- 2 fedd hvitløk, finhakket
- Kyllingbryst
- 1 ss. Baconfett eller smør

Veibeskrivelse:

Forbered ovnen på 204 C. Skjær kyllingbrystene i to for å gjøre dem tynne

Smak til med salt, pepper og hvitløk Smør en ildfast form med smør og legg kyllingbrystene i. Legg kremosten og cheddarosten på toppen av brystene

Legg også i baconskiver Sett pannen i ovnen i 30 minutter Server varm

Næring (for 100g): 610 kalorier 32 g fett 3 g karbohydrater 38 g protein 759 mg natrium

Reker med sitron og pepper

Forberedelsestid: 10 minutter

Matlagingstid: 10 minutter

Porsjoner: 4

Vanskelighetsgrad: Enkel

Ingredienser:

- 40 deveined reker, skrellet
- 6 hakkede hvitløksfedd
- Salt og sort pepper
- 3 ss. oliven olje
- ¼ ts. søt pepper
- En klype knuste røde pepperflak
- ¼ ts. revet sitronskall
- 3 ss. Sherry eller en annen vin
- 1½ ss. skivet gressløk
- Saft av 1 sitron

Veibeskrivelse:

Skru opp varmen til middels og sett en panne på plass.

Tilsett olje og reker, dryss over salt og pepper og stek i 1 minutt. Tilsett paprika, hvitløk og pepperflak, rør og stek i 1 minutt. Rør forsiktig inn sherryen og stek i ytterligere ett minutt

Ta rekene av varmen, tilsett gressløk og sitronskall, rør rundt og legg rekene på tallerkener. Tilsett sitronsaft over det hele og server

Næring (for 100g): 140 kalorier 1 g fett 5 g karbohydrater 18 g protein 694 mg natrium

Panert og krydret kveite

Forberedelsestid: 5 minutter

Matlagingstid: 25 minutter

Porsjoner: 4

Vanskelighetsgrad: Enkel

Ingredienser:

- c. hakket fersk gressløk
- c. hakket fersk dill
- ¼ ts. malt svart pepper
- c. panko brødsmuler
- 1 ss. ekstra virgin olivenolje
- 1 ts. finrevet sitronskall
- 1 ts. havsalt
- 1/3 c. hakket fersk persille
- 4 (6 oz. eller 170 g. hver) kveitefileter

Veibeskrivelse:

I en middels bolle kombinerer du olivenolje og de resterende ingrediensene bortsett fra kveitefileter og brødsmuler

Legg kveitefileter i blandingen og mariner i 30 minutter Forvarm ovnen til 204 C. Legg en folie på et stekebrett, smør med kokespray Dypp filetene i brødsmuler og legg på stekebrett. Stek i ovnen i 20 minutter Server varm.

Næring (for 100g): 667 kalorier 24,5 g fett 2 g karbohydrater 54,8 g protein 756 mg natrium

Karri laks med sennep

Forberedelsestid: 10 minutter

Matlagingstid: 20 minutter

Porsjoner: 4

Vanskelighetsgrad: Enkel

Ingredienser:

- ¼ ts. kvernet rød pepper eller chilipulver
- ¼ ts. gurkemeie, malt
- ¼ ts. salt
- 1 ts. honning
- ¼ ts. Hvitløkspulver
- 2 ts. fullkornssennep
- 4 (6 oz. eller 170 g. hver) laksefileter

Veibeskrivelse:

Kombiner sennep og resten av ingrediensene unntatt laks i en bolle. Forvarm ovnen til 350 F/176 C. Smør en ildfast form med matlagingsspray. Legg laksen med skinnsiden ned på en ildfast form og fordel sennepsblandingen jevnt over filetene. Sett i ovnen og stek i 10-15 minutter eller til de har flassende

Næring (for 100g): 324 kalorier 18,9 g fett 1,3 g karbohydrater 34 g protein 593 mg natrium

Valnøtt-rosmarin Lakseskorpe

Forberedelsestid: 10 minutter

Matlagingstid: 25 minutter

Porsjoner: 4

Vanskelighetsgrad: Middels

Ingredienser:

- 1 pund eller 450 g. frossen skinnfri laksefilet
- 2 ts. Dijon sennep
- 1 fedd hvitløk, finhakket
- ¼ ts. sitronskall
- ½ ts. honning
- ½ ts. kosher salt
- 1 ts. nyhakket rosmarin
- 3 ss. panko brødsmuler
- ¼ ts. malt rød pepper
- 3 ss. hakkede valnøtter
- 2 ts. ekstra virgin olivenolje

Veibeskrivelse:

Forbered ovnen til 420 F/215 C og bruk bakepapir til å kle en bakeplate med kant. Kombiner sennep, sitronskall, hvitløk, sitronsaft, honning, rosmarin, malt rød pepper og salt i en bolle. I en annen bolle blander du valnøtt, panko og 1 ts olje. Legg bakepapir på stekebrettet og legg laksen på

Fordel sennepsblandingen over fisken og topp med pankoblandingen. Sprøyt resten av olivenoljen lett på laksen. Stek i ca 10-12 minutter eller til laksen er adskilt med en gaffel. Serveres varm

Næring (for 100g): 222 kalorier 12 g fett 4 g karbohydrater 0,8 g protein 812 mg natrium

Rask tomat spaghetti

Forberedelsestid: 10 minutter

Matlagingstid: 25 minutter

Porsjoner: 4

Vanskelighetsgrad: Middels

Ingredienser:

- 8 oz. eller 226,7 g spaghetti
- 3 ss. oliven olje
- 4 fedd hvitløk, i skiver
- 1 jalapeno, i skiver
- 2 c. cherrytomater
- Salt og pepper
- 1 ts. balsamicoeddik
- c. Parmesanost, revet

Veibeskrivelse:

Kok opp en stor kjele med vann over middels varme. Tilsett en klype salt, kok opp og tilsett spaghetti. Kok i 8 minutter. Mens pastaen koker, varmer du opp oljen i en panne og tilsetter hvitløk og jalapeno. Kok i 1 minutt til, og rør deretter inn tomater, salt og pepper.

Kok i 5-7 minutter til skinnet på tomatene sprekker.

Tilsett eddik og fjern fra varmen. Tøm spaghettien godt og bland den med tomatsausen. Dryss over ost og server umiddelbart.

Næring (for 100g): 298 kalorier 13,5 g fett 10,5 g karbohydrater 8 g protein 749 mg natrium

Chili oregano bakt ost

Forberedelsestid: 10 minutter

Matlagingstid: 25 minutter

Porsjoner: 4

Vanskelighetsgrad: Enkel

Ingredienser:

- 8 oz. eller 226,7 g fetaost
- 4 Oz. eller 113 g mozzarella, smuldret
- 1 skivet chilipepper
- 1 ts. tørket oregano
- 2 ss. oliven olje

Veibeskrivelse:

Legg fetaosten i en liten dyp ildfast form. Dryss over mozzarellaen og krydre med skiver av pepper og oregano. dekk pannen med et lokk. Stek i forvarmet ovn ved 350 F/176 C i 20 minutter. Server osten og nyt.

Næring (for 100g): 292 kalorier 24,2 g fett 5,7 g karbohydrater 2 g protein 733 mg natrium

Sprø italiensk kylling

Forberedelsestid: 10 minutter

Matlagingstid: 30 minutter

Porsjoner: 4

Vanskelighetsgrad: Enkel

Ingredienser:

- 4 kyllinglår
- 1 ts. tørket basilikum
- 1 ts. tørket oregano
- Salt og pepper
- 3 ss. oliven olje
- 1 ss. balsamicoeddik

Veibeskrivelse:

Krydre kyllingen godt med basilikum og oregano. Bruk en stekepanne, tilsett olje og varm opp. Tilsett kyllingen i den varme oljen. Stek i 5 minutter på hver side til de er gyldenbrune og dekk pannen med lokk.

Snu varmen til middels og stek i 10 minutter på den ene siden, snu deretter kyllingen gjentatte ganger og stek i ytterligere 10 minutter til den er sprø. Server kyllingen og nyt.

Næring (for 100g): 262 Kalorier 13,9 g Fett 11 g Karbohydrater 32,6 g Protein 693 mg Natrium

www.ingramcontent.com/pod-product-compliance
Lightning Source LLC
Chambersburg PA
CBHW071433080526
44587CB00014B/1824